rowohlts monographien
begründet von Kurt Kusenberg
herausgegeben
von Klaus Schröter

T. S. Eliot

mit Selbstzeugnissen
und Bilddokumenten
dargestellt von
Johannes Kleinstück

rororo bildmonographien

Rowohlt

Dieser Band wurde eigens für «rowohlts monographien» geschrieben
Herausgeber: Kurt Kusenberg · Redaktion: Beate Möhring
Umschlagentwurf: Werner Rebhuhn
Vorderseite: 1948 (Photo Keystone)
Rückseite: London, St. Paul's Cathedral
(Radio Times Hulton Picture Library)

Veröffentlicht im Rowohlt Taschenbuch Verlag GmbH,
Reinbek bei Hamburg, August 1966

Gesetzt aus der Linotype-Aldus-Buchschrift
und der Palatino (D. Stempel AG)
Gesamtherstellung Clausen & Bosse, Leck
Printed in Germany
980-ISBN 3 499 50119 8

16.–22. Tausend September 1988

Inhalt

Dezember 1951

DER UNSICHTBARE DICHTER

Kurz nach dem Ende des letzten Krieges, im März 1946, hielt T. S. Eliot drei Rundfunkvorträge über das Thema *The Unity of European Culture* [*Die Einheit der europäischen Kultur*], die noch im gleichen Jahr, von Leonie Hiller übersetzt, in Berlin veröffentlicht wurden. Damals wandte er sich zum erstenmal an ein deutschsprachiges Publikum, und es schien ihm angemessen, seine, wie er sagte, Ausweispapiere vorzulegen: er stellte sich vor als einen Dichter und Kritiker, der von 1922 bis 1939 eine Vierteljahresschrift herausgegeben hatte. Mit ihr meinte er *The Criterion*, eine Zeitschrift, die zwar nicht dem Namen, wohl aber ihrem Sinne nach dem «europäischen Denken» diente, indem sie hervorragende Geister der westlichen Zivilisation zu Wort kommen ließ.

Eliots Selbstvorstellung war nicht eine bloße Geste bescheidener Höflichkeit, sie war erwünscht und notwendig, denn damals wußte man in Deutschland von ihm und seinem Werk noch recht wenig. Zwar publizierte E. R. Curtius (der zu den Mitarbeitern des *Criterion* gehörte) schon 1927 in der «Neuen Schweizer Rundschau» seine Übertragung von Eliots erstem dichterischem Hauptwerk, dem 1922 erschienenen *The Waste Land* [Das wüste Land], fand aber wenig Beachtung; und auch Hans Hennecke erregte weder mit der Übersetzung des programmatischen Essays *Tradition and the Individual Talent* [*Tradition und individuelle Begabung*] noch mit seinem eigenen Aufsatz «T. S. Eliot, der Dichter als Kritiker» (beides 1936 in der «Europäischen Revue») die Aufmerksamkeit der deutschen Öffentlichkeit. Man hatte andere Sorgen; entweder paßte man sich dem Nationalsozialismus an oder suchte sich vor ihm abzuschirmen: für die Aufnahme eines neuartigen, verwirrend «modernen» und schwierigen Dichters aus der angelsächsischen Welt fehlte die Kraft und die Bereitschaft.

Als aber das Deutsche Reich unter den Schlägen der von ihm provozierten Gegner zusammengebrochen war, enthüllten sich die Lehren und Ideale des Nationalsozialismus als bombastisches Geschwätz und verderbliche Fiktion, und man hielt, zum Umdenken willig, nach zwei Richtungen hin Ausschau. Einmal nach vorn, indem man den Anschluß an die ausländische Moderne zu gewinnen trachtete, zum anderen nach rückwärts: alte, dauernde, womöglich «ewige Werte» kamen erneut zur Geltung; Wörter wie Tradition, Abendland, der Westen, christlich und humanistisch klangen durch Diskussionen und Vorträge, erschienen in Zeitungen und Zeitschriften und in den auf schlechtes Papier gedruckten Büchern. Eines von ihnen trug den Titel «Ein Weg zu T. S. Eliot» (1948), seine Autoren waren Grete und Hans Heinrich Schaeder, die damit die erste zusammenfassende und – soweit es möglich war – zuverlässige Darstellung in deutscher Sprache gaben.

Eliot war wie kein anderer ausländischer Schriftsteller «der Mann der Stunde». Der am 26. September 1888 in St. Louis (Missouri) geborene Amerikaner hatte zunächst in der traditionsreichen Universität von Harvard, dann in Paris, Marburg und Oxford studiert und sich eine gründliche Bildung in alten und neuen Sprachen, Philosophie und Indologie angeeignet. Seine Neigungen zogen ihn nach Europa; er ließ sich in London nieder und erwarb die britische Staatsbürgerschaft. Im England der zwanziger Jahre wurde er bald mit seinen Dichtungen und kritischen Essays zum Wortführer der Moderne, den man ebenso heftig befehdete wie leidenschaftlich bewunderte; besonders die akademische Jugend fand in ihm ihren Sprecher. Eliot war jedoch ein Moderner, der dem Vergangenen anhing und es lebendig zu halten suchte; sein Meister war Dante, und 1928 bezeichnete er (im Vorwort zu *For Lancelot Andrewes* [*Lancelot Andrewes*]) seinen Standpunkt als *classicist in literature, royalist in politics, and anglocatholic in religion.* Das heißt, er bekannte sich zum Klassischen, einem Klassischen allerdings besonderer Art, von der später noch die Rede sein wird, zur Monarchie und zu der Richtung der englischen Staatskirche (Church of England), die dem römischen Katholizismus sehr nahesteht und darum eben anglo-katholisch heißt.

Eliot vereinigte Tradition und Modernität, und so wurde er exemplarisches Vorbild; Vorbild vielleicht auch dadurch, daß er «umgedacht», Konversionen erfahren hatte, vom Amerikaner zum Europäer und Katholiken anglikanischer Konfession. Außerdem kam er den spezifisch deutschen Problemen noch durch sein Drama *Murder in the Cathedral* [*Mord im Dom*] (1935) entgegen, das der ihm gesinnungsverwandte R. A. Schröder 1946 übertrug. Sein Thema, die Ermordung des Erzbischofs Thomas à Becket in der Kathedrale von Canterbury (1170), enthielt die Frage nach dem Verhältnis von Staat und Kirche, weltlicher Macht und Geist in sich und erregte darum ein so großes Interesse, daß es nicht nur auf verschiedenen deutschen Bühnen gespielt, sondern auch auf den Schulen gelesen wurde. Nicht zufällig stellten Grete und Hans Heinrich Schaeder dieses Drama in den Mittelpunkt ihres Buches. So fand Eliot als Dichter des christlichen Abendlands seinen Platz im deutschen Bewußtsein und wurde wenigstens dem Namen nach allgemein, auch bei literarisch nicht Interessierten, bekannt; als er am 4. Januar 1965 starb, fehlte in keiner angesehenen deutschen Zeitung der bewundernde Nachruf. Und es bedarf kaum der Erwähnung, daß er im Universitäts- und Literaturbetrieb zu den Gestalten gehört, an denen niemand vorbeikann.

Eliot wird von einem Nimbus verklärt; er ist eine Autorität, zu der man aufschaut, ein Monument, das scheinbar für immer dasteht. Wer jedoch einen Blick in seine geistige Heimat, die angelsächsische Welt, tut, bemerkt, daß sein Einfluß schwindet, daß seine Worte nicht mehr als Orakel gelten; die jungen englischen Dichter sehen in ihm kein Muster mehr [1], und schon in den dreißiger und vierziger Jahren unterzog ihn die maßgebende Literaturzeitschrift «Scrutiny» nicht selten einer sehr scharfen Kritik. Nur sein dichterisches Spätwerk, *Four Quartets* [*Vier Quartette*] (1944) fand durchweg Anerkennung. In England und überhaupt in der angelsächsischen Welt ist Eliot bereits historisch geworden, und es ist fraglich, ob er den Rang eines Großen, eines «major poet», erhalten wird.

1 Vgl. hierzu Frank Kermode: «Eliot's Dream», in: «New Statesman», 19. Februar 1965. Ein bekannter englischer Dichter unserer Tage pries sich glücklich, nie Eliots schlechtem Einfluß erlegen zu sein.

Am Vortragspult

Ernst Robert Curtius

Eins freilich steht fest, und das ist seine historische Bedeutung: niemand zweifelt daran, und niemand kann daran zweifeln, daß er in den Jahren zwischen 1920 und dem Ausbruch des Zweiten Weltkriegs der einflußreichste englische Schriftsteller war (das heißt der einflußreichste Schriftsteller von Rang, es gab auch Shaw und Galsworthy, denen jedoch kein ernsthafter Kritiker mehr großes literarisches Format zuerkennt). Wer damals Gedichte schrieb, orientierte sich an Eliot, auch wenn er ihn nicht unmittelbar nachahmte; und wer als junger Mensch Literatur studierte, ließ sich von ihm sagen, worauf er achten, was er anerkennen und was er verwerfen müsse.

Aus der skizzierten Situation geht hervor, daß Eliot, gleichgültig, ob er nun einer der Großen ist oder nicht (was man ohnehin niemals exakt und niemals endgültig feststellen kann), mit Recht einen Platz in dieser Reihe von Monographien erhält. Dabei aber taucht eine andere Frage auf. Denn auch die vorliegende Monographie kündigt mit ihrem Untertitel an, daß sie ihn in «Selbstzeugnissen» darstellen will. Dürfen wir seine Werke als Selbstzeugnisse interpretieren? In dem erwähnten Essay *Tradition and the Individual Talent* (in *Wood* [1]) sagt Eliot, und damit spricht er nicht nur ein Credo aus, sondern auch eine Warnung an seine Kritiker: *Der Dichter hat keine «Persönlichkeit», die er ausdrückt, sondern ein bestimmtes Medium, das eben nur Medium ist und keine Persönlichkeit, worin sich Eindrücke und Erlebnisse (experiences) in besonderer und unerwarteter Weise miteinander verbinden.* Wie sehr es ihm auf die Unpersönlichkeit der Dichtung ankommt, geht daraus hervor, daß er den gleichen Gedanken variierend wiederholt: *Der Fortschritt eines Künstlers bedeutet ein ständiges Selbst-Opfer (self-sacrifice), ein ständiges Auslöschen der Persönlichkeit.* Und: *Dichten heißt nicht,*

1 Erläuterung der verwendeten Sigle s. S. 162.

die Persönlichkeit ausdrücken, sondern der Persönlichkeit entgehen. Da Eliot hier offenbar Selbst und Persönlichkeit gleichsetzt, dürften wir im folgenden keine seiner Dichtungen zitieren, da keine von ihnen Selbstzeugnis wäre – vorausgesetzt, daß wir seine Sätze als zutreffend akzeptieren.

Ehe wir sie jedoch akzeptieren und uns nach ihnen richten, müssen wir sie prüfen; zunächst im Zusammenhang dieses Aufsatzes. Für sich genommen, besagen die zitierten Sätze nicht viel; sie bekunden nur eine Überzeugung und stellen eine Art von Postulat auf. Den Beweis versucht Eliot zu erbringen, indem er die Unpersönlichkeit des dichterischen Schaffens in Analogie zu einem chemischen Vorgang beschreibt.

Er vergleicht den *Geist* (*mind*) des Dichters mit dem Platinstreifen, der, indem er als *Katalysator* wirkt, aus Sauerstoff und Schwefeldioxyd Schwefelsäure entstehen läßt. Der Katalysator bleibt bekanntlich unverändert; er wirkt nur dadurch, daß er da ist; genauso, nach Eliot, der Geist des Dichters. Er verändert durch sein bloßes, in sich selbst unverändertes Dasein die *Emotionen* (*emotions*) und *Gefühle* (*feelings*), die an ihn herantreten.

Diese Analogie überzeugt nur den, der sich überzeugen lassen will. Wer sich analysiert, bemerkt sehr schnell, daß sie willkürlich, ad hoc konstruiert und somit erstens keine Analogie und zweitens ohne Beweiskraft ist. Schwefeldioxyd und Sauerstoff unterscheiden sich sehr deutlich voneinander: was aber ist der exakte Unterschied von Gefühl und Emotion? Man kann ein Gefühl als Emotion und eine Emotion als Gefühl bezeichnen, beide gehen ihrem Wesen nach ineinander über, was für die chemischen Moleküle nicht zutrifft. Und ferner: daß der Katalysator sich nicht verändert, ist eine chemische Tatsache. Daß der Geist des Dichters sich nicht verändert, ist eine bloße Behauptung, die der Wahrscheinlichkeit entbehrt. Sollen wir glauben, daß der Geist eines Dichters beim Dichten keine Veränderung durchmacht, daß er sich nicht bewegt? Sollen wir glauben, daß Eliot das glaubte?

Daß er es nicht eigentlich glaubte, sondern sich nur für den Moment einredete (und seinem Leser mit dem Schein der Wissenschaftlichkeit zu suggerieren suchte), geht daraus hervor, daß er seine mit sehr viel Schwung vorgetragene Analogie kurz danach aufgibt. Denn er erklärt, daß beim Dichten, oder beim Genuß von Dichtung (welches letztere gar nichts mit der Sache zu tun hat, denn es geht um den Schaffensprozeß), verschiedene oder mehrere Emotionen und verschiedene Gefühle zusammenkommen: und daß manche große Dichtung ohne die *Verwendung* (*use*) von Emotionen *allein aus Gefühlen* gemacht sei. Bei dieser Gelegenheit verwandelt sich der Geist

1926

des Dichters aus einem Katalysator in ein Gefäß, welches dazu dient, *zahllose Gefühle, Sätze, Bilder* zu erfassen und in sich aufzubewahren. Und völlig unlogisch heißt es plötzlich, daß der Geist des Dichters die Leidenschaften, die sein Material seien, *verdaue* und *verändere*. Das mag zwar zutreffen, aber ohne Zweifel hat weder ein aufnehmendes Gefäß noch ein Katalysator die Eigenschaft, etwas zu verdauen. (a. a. O., p. 53 f)

Woraus resultiert diese Konfusion? Offenbar weiß Eliot nicht genau, was er will (verschiedene Wendungen im Text lassen vermuten, daß er bei der Niederschrift seine eigene Unsicherheit spürte), und darum geht er sein Problem mit unzureichenden Instrumenten an. Er verwendet Begriffe wie Persönlichkeit und Selbst, gelegentlich

Im Institute for Avanced, Princeton University, New Jersey

auch einmal Seele, und diese Begriffe sind, wie alle Abstrakta, vieldeutig und bedürfen der Definition. Ist die Persönlichkeit eine Einheit, hat sie so etwas wie einen Kern, der sie zusammenhält und dadurch eben zur Einheit macht? Oder besteht sie aus verschiedenen, nur lose miteinander verbundenen Schichten, oder ist sie vielleicht ein Bündel von Eigenschaften, das nur ein illusionsverstricktes Denken für eine substantielle Einheit hält? Buddha lehrte seine Jünger, sich von dieser Illusion zu befreien (vgl. E. Frauwallner: «Geschichte der Indischen Philosophie», I, S. 192 f), und Eliot, der etwas von Buddha wußte, hat anscheinend Ähnliches im Sinn: *Der Standpunkt, den ich zu attackieren bemüht bin, hat vielleicht etwas mit der metaphysischen Theorie über die substantielle Einheit der Seele zu tun.*

Buddha. Hinterindien, um 1000 v. Chr.

(a. a. O., p. 56) Wenn diese Theorie falsch ist, dann hat es keinen Sinn, zu sagen, daß der Dichter seine Persönlichkeit – seine Seele, seine innersten Gefühle – «ausdrücke»: wer sie jedoch widerlegen will, darf sich nicht mit scheinbaren Analogien begnügen, sondern muß philosophieren. Vor der Philosophie aber, vor *Metaphysik und Mystik,* weicht Eliot ausdrücklich zurück, und darum gelangt er zu keinem befriedigenden, in sich stimmigen Ergebnis.

Trotzdem ahnt man in etwa, was er mit diesem Aufsatz bezweckt. Dichtung soll kein subjektiver Gefühlsausdruck sein und auch nicht als solcher verstanden werden. Deswegen fordert Eliot vom Kritiker, den Blick auf das Gedicht zu richten und nicht auf den Dichter, nicht

1938

John Keats

auf den Menschen und seine Lebensumstände. Nur so erkennt er die Qualität eines Gedichtes, und es ist seine Aufgabe, das Gute vom Schlechten zu unterscheiden.

Eliot hatte mit diesen, wenn auch unklar vorgetragenen Gedanken großen Erfolg. Sie entsprachen einer Tendenz, die im England der zwanziger Jahre begann und durch ihn gefördert wurde, die auch heute noch besteht: der Ablehnung all dessen, was romantisch ist oder als romantisch gilt. Es ist romantisch, den Dichter mehr zu beachten als sein Werk, und wirklich fordert ein Romantiker wie Lord Byron dazu auf, denn er hat ohne Frage die Mitwelt vor allem durch seine Persönlichkeit fasziniert. Es ist romantisch, die Dichtung als Selbstausdruck zu verstehen; Wordsworth etwa hielt es für ausgemacht, daß «alle gute Dichtung das spontane Überfließen mächtiger Gefühle» sei – «the spontaneous overflow of powerful feelings». Und beim Lesen seiner Gedichte merkt man fast durchweg, daß er als der Mensch William Wordsworth gegenwärtig ist und spricht. Aber Byron und Wordsworth – die im übrigen sehr wenig miteinander gemeinsam haben – repräsentieren nicht die Romantik. John Keats, den man auch zur Romantik rechnet, hat in verschiedenen seiner Briefe sehr ähnliche Gedanken ausgesprochen wie Eliot, insbesondere hat er behauptet, daß jedenfalls manche Dichter, so wie Shakespeare und auch er, John Keats, gar kein Selbst haben: «Was nun den poetischen Charakter selbst betrifft... – er ist nicht er selbst – er hat kein Selbst – er ist alles und nichts – er hat keinen Charakter...» (Vgl. J. M. Murry: «Keats and Shakespeare», p. 50.) Es ist also falsch, Eliots These von der Unpersönlichkeit der Dichtung als spezifisch unromantisch zu bezeichnen (was jedoch meistens geschieht).

Eliot war sein ganzes Leben lang ein dezidierter Antiromantiker und hat es vielleicht darum vermieden, auf seine Übereinstimmung mit Keats hinzuweisen. In der Vorlesung über Shelley und Keats, die er am 17. Februar 1933 in Harvard hielt, begnügte er sich mit einigen allgemeinen Bemerkungen und vagen Komplimenten wie dem, daß er Keats für einen sehr großen Dichter halte und daß seine Briefe die beachtenswertesten und bedeutendsten seien, die je ein englischer Dichter geschrieben habe. Auf das Problem der Unpersönlichkeit der Dichtung geht er hier gar nicht ein (vgl. *Use*, p. 100 f).

Die Tatsache, daß Eliot und Keats in etwa einer Meinung sind, besagt natürlich nicht, daß dieses Problem gelöst sei. Keats gibt nur eine persönliche Ansicht kund und bemüht sich gar nicht, sie theoretisch zu rechtfertigen; auch Eliot tut nicht viel mehr, obwohl es den Anschein hat, als entwickle er eine durchdachte Theorie. Da er jedoch philosophisch geschult war, wurde ihm klar, daß er nichts dergleichen gegeben hatte; und als er viele Jahre später noch einmal auf dieses Thema kam, gestand er mit Hinblick auf seinen frühen Essay *Tradition and the Individual Talent* zu, daß er sich entweder *unvollkommen* (*badly*) ausgedrückt oder damals nur eine *jünglingshafte* (*adolescent*) Vorstellung gehabt habe.

Das war 1940, als er in Dublin einen Vortrag über W. B. Yeats hielt, der im Jahr zuvor gestorben war. Hier geht Eliot auf den bekannten, von der Kritik schon damals oft behandelten Unterschied zwischen dem Früh- und dem Spätwerk von Yeats ein. Im Frühwerk gibt es, nach Eliot, einige gute Gedichte, doch zeigt sich in ihm noch kaum *die Intensität von Yeats' eigenem emotionellen Erleben* (*the intensity of Yeats's own emotional experience hardly appears*). Und in diesem Zusammenhang stellt er eine neue These darüber auf, was seiner gegenwärtigen Ansicht nach *impersonality in art* sei. Er unterscheidet zwei Weisen der Unpersönlichkeit: einmal die des geschickten Könners (*craftsman* [eine deutsche Übersetzung dieses Wortes ist fast unmöglich]), und zum anderen die *des Dichters, der aus intensivem und persönlichem Erleben eine allgemeine Wahrheit*

William Butler Yeats

herauszuholen versteht, der aus ihr ein allgemeines Symbol macht, das jedoch alles Besondere seines Erlebens beibehält. Und das Seltsame ist, daß Yeats, der zunächst ein großer Könner der ersten Art war, danach zu einem großen Dichter der zweiten Art wurde. Nicht daß er ein anderer Mensch geworden wäre, denn ... man kann mit Sicherheit annehmen, daß er die Erlebnisse seiner Jugend intensiv erfahren hatte – und gewiß hätte er ohne diese Erlebnisse nicht die Weisheit erreicht, die sich in seinen späteren Werken zeigt. (*Poetry*, p. 255. [Für *Erlebnis* sagt Eliot durchweg *experience.*]) Mit einem Satz: die Unpersönlichkeit des großen Dichters besteht darin, daß er seine persönlichen Erlebnisse zu einem allgemeingültigen Werk umschafft.

Eliots neue These setzt natürlich voraus, daß der Dichter eine Persönlichkeit hat, daß er empfindet, fühlt, und, was hier nicht gesagt wird, aber sich implicite versteht, denkt: daß also sein Geist nicht jener neutrale, unveränderliche und unbewegte Katalysator ist. Vielleicht sollte der Vergleich mit dem Katalysator auch nicht mehr besagen, als daß der Dichter seine Gefühle zu verwandeln habe und nicht im rohen Zustand hinausschreien dürfe; vielleicht hat sich Eliot wirklich, wie er selbst nahelegt, in seinem frühen Essay nur unvollkommen ausgedrückt und seine Meinung im Grunde gar nicht so sehr geändert. Die Formulierung jedoch hat sich entscheidend geändert, und in der Kritik kommt es genau wie in der Dichtung nicht darauf an, was einer meint, sondern was er sagt.

Mit seiner neuen These beseitigt Eliot die Schranke, die uns daran zu hindern schien, seine eigenen Dichtungen als Selbstzeugnisse zu verstehen. Es fragt sich allerdings nun, in welchem Sinne sie als solche aufgefaßt werden können, welcher Aspekt seines Selbst sich in ihnen zeigt, und was als sein Selbst, als sein Eigenes und Persönliches erscheint. Diese Frage ist eng verknüpft mit einer anderen, die sich aus den zitierten Sätzen über Yeats ergibt.

Eliot unterscheidet, wie wir sahen, die Unpersönlichkeit des geschickten Könners von der des großen Dichters. Die des großen Dichters nun definiert er so allgemein, daß er damit nicht nur weder Widerspruch noch Enthusiasmus hervorruft, sondern kaum mehr sagt als eine Selbstverständlichkeit. Denn wer zweifelt daran, daß der große Dichter seine persönlichen Emotionen zu einem Werk umschafft, das mindestens potentiell alle angeht, also universal gültig ist? Eliots Definition gilt für Goethe genauso wie für Shakespeare, von dem er an anderer Stelle sagt, daß er, wie alle Dichter, darum rang, *seine persönlichen und privaten Leiden in etwas Köstliches und Besonderes (into something rich and strange,* ein Zitat aus Ariels Lied in «Der Sturm») umzuwandeln, in etwas Universelles und Unpersönliches. (*S E,* p. 137) Worauf es ankommt, ist die jeweils spezifische Art der Unpersönlichkeit eines Dichters, und sie hängt mit der jeweiligen Persönlichkeit zusammen und von ihr ab.

In welcher Art nun ist Eliot unpersönlich? Dafür gibt uns gerade der Essay *Tradition and the Individual Talent* interessante Hinweise. Führen wir uns noch einmal die Kern- und Grundsätze vor Augen: *Der Dichter hat keine «Persönlichkeit», die er ausdrückt, sondern ein bestimmtes Medium ... Der Fortschritt eines Künstlers bedeutet ein ständiges Selbst-Opfer, ein ständiges Auslöschen der Persönlichkeit. Dichten heißt nicht, die Persönlichkeit ausdrücken, sondern der Persönlichkeit entgehen.* Wie ich oben sagte, bekunden diese Sätze eine Überzeugung und stellen ein Postulat auf. Es läßt sich aber noch mehr sagen: hier spricht sich nicht nur die Forderung aus, wie der Dichter sein solle, sondern der Wunsch, wie Eliot als Dichter sein möchte. Damit wird dieser Essay zu einem recht intimen Selbstzeugnis.

Eliot will, so kann man interpretieren, Privates und Subjektives aus der Dichtung ausschalten und nur das Objektiv-Gültige, die

Verlagskonferenz bei Faber & Faber. Ganz links: Eliot

Wahrheit mitteilen, die Wahrheit, die durch keine Emotion getrübt sein soll. Er glaubt daran, daß es die Wahrheit an sich gibt, daß er sie erkennt und daß sie nicht abhängt von seiner zufälligen und individuellen seelischen Disposition. Möchte er vielleicht ein neuer Dante sein? Schon damals, noch vor seiner Bekehrung zum Anglo-Katholizismus, war Dante der für ihn größte Dichter. Wenn er ihm nacheiferte, dann übersah er freilich, wie mancher andere auch, daß Dante nicht nur die allgemein anerkannten Heilslehren der Kirche, sondern auch sehr subjektive Urteile verkündete – und außerdem als der Mensch Dante stets in der «Commedia» dabei ist. Eliot dagegen will hinter seinen Gedichten verschwinden; der Leser soll in ihm nichts anderes sehen als ein neutrales, unbeteiligtes Agens. Er möchte so anonym bleiben wie Shakespeare, den wir hinter seinen Werken nur ahnen, aber niemals, es sei denn in einigen belanglosen Dokumenten, als Menschen antreffen; oder gar wie ein Dichter des

griechischen Altertums, von dem nichts erhalten ist als der Name und einige kostbare Fragmente.

Die Gedichte der frühen Epoche, die etwa zur gleichen Zeit verfaßt wurden wie *Tradition and the Individual Talent,* insbesondere *The Love Song of J. Alfred Prufrock* [*J. Alfred Prufrocks Liebesgesang*] (1917) und *The Waste Land* (1922), kommen dem Ideal der Anonymität so nahe wie möglich. Das erste ist ein Rollengedicht; sein Held, der ihm den Namen gibt, ist ein negativer Held; ein Mensch, der im Leben versagt hat und sich langweilt. Er hat nichts mit dem jungen Dichter T. S. Eliot gemein, der sich anschickte, eine führende Rolle im literarischen Leben Londons zu spielen. *The Waste Land* führt als Zentralperson den griechischen Seher Teiresias ein, aber er ist nicht der einzige, der hier spricht und i c h sagt; das Gedicht ist ein Gewirr von Stimmen, die von oft kaum erkennbaren, kaum charakterisierten Personen herkommen; es klingt wie in einem großen leeren Raum gesprochen und wirkt wahrscheinlich nur dann ganz stilecht, wenn man es nicht von einem individuellen Rezitator, sondern auf einer Platte oder einem Tonband hört. Die mechanische Anonymität macht einen Teil seines Wesens aus. Ein maliziöser Psychologe wird Eliots Wunsch nach Anonymität nicht respektieren und in ihm vielleicht sogar ein heimliches Verlangen nach «publicity» sehen, so wie er auch darin, daß Eliot zu wiederholten Malen die Tugend der Demut (humility) preist, einen Hang zur Arroganz erkennen mag – und dies wohl nicht ganz zu Unrecht, wie wir noch sehen werden. Sicherlich aber hat Eliot die Neugier der Leser erregt; es war unvermeidlich, daß sie sich fragten, was für ein Mensch denn dieser T. S. Eliot sei, der als Dichter – angeblich – seine Persönlichkeit auslöschte. Und so erfuhr man, daß er eine Vorliebe für Unfug, für das, was die Engländer «practical jokes» nennen, habe; es heißt, daß er jahrelang Kunde in einem Geschäft für Scherzartikel gewesen sei, um explodierende Zigarren, Feuerwerkskörper, Kissen, die beim Setzen verdächtige Geräusche von sich geben, und ähnliches zu kaufen. Er soll die Absicht gehabt haben, Tanzstunden zu nehmen, und er hat tatsächlich, wie die Bibliographie ausweist, einen Brief an die «Times» über Stilton-Käse geschrieben, wie er überhaupt ein großer Liebhaber von Käse war – sein erstes Urteil über England war negativ, weil er ein Volk, das sich mit dieser Küche zufriedengab, nicht für kultiviert ansehen konnte. (Vgl. hierfür die Festschrift zu seinem sechzigsten Geburtstag: «T. S. Eliot. A Symposium», Compiled by Richard Marsh and Tambimuttu.) Angeblich hat er auch unter einem Pseudonym Kriminalromane geschrieben und in seiner Tätigkeit als Verlagsdirektor bei Faber & Faber eine große Zahl von «Waschzetteln» («blurbs»), deren Autorschaft wohl nie geklärt werden kann.

Bewohner des Stadtteils Chelsea haben ihn gesehen, wie er seinen schwergelähmten Freund John Hayward, mit dem er jahrelang als Junggeselle zusammen lebte, durch die Straßen spazierenfuhr, und natürlich kam es vor, daß ihm jemand begegnete. Das war jedoch, wie Eliot in einem kleinen, sehr «persönlichen» Gedicht meint, kein Vergnügen:

How unpleasant to meet Mr. Eliot!
With his features of clerical cut,
And his brow so grim
And his mouth so prim
And his conversation, so niceley
Restricted to What Precisely
And If and Perhaps and But.

«How pleasant to meet Mr. Eliot!»

Wie unangenehm, Mr. Eliot zu begegnen!
Mit seinen Gesichtszügen wie ein Geistlicher,
Und seiner finsteren Stirn,
Seinem spitz-verzogenen Mund,
Und seinen pedantischen Reden,
Beschränkt auf Was also genau,
Und Wenn und Vielleicht und Aber.

(*Collected Poems*, p. 147) [1]

1 Diese Verse haben den berühmten englischen Nonsense-Dichter Edward Lear zum Vorbild, für den Eliot eine charakteristische Vorliebe hatte. Darauf weisen die in dem hier nicht zitierten Teil des Gedichts vorkommenden – unübersetzbaren – Nonsensewörter *porpentine cat* und *wopsical hat*.

Mit seiner zweiten Frau, geb. Esmé Valerie Fletcher, 1957

Wer Eliot kannte, sagt jedoch, daß es keineswegs unangenehm war, mit ihm zusammen zu sein. Offensichtlich hat er oft mit seinen Freunden in der Art dieses Gedichtes gescherzt, im übrigen hat er seinen leicht schrulligen Humor aus seinen Dichtungen meist herausgehalten – nur in einige seiner Dramen hat er ihn eingehen lassen, und in das Katzenbuch, das den Titel *Old Possum's Book of Practical Cats* [*Old Possums Katzenbuch*] trägt. Das Possum oder Opossum ist die Beutelratte, «to play the possum» heißt «sich totstellen» – es war der Spitzname, den ihm seine Freunde gaben. Für sie war er Tom; der gewöhnliche Leser hat das Gefühl, daß sich ihm ein Geheimnis lüftet, wenn er erfährt, daß sich hinter den Initialen T. S. die Namen Thomas Stearns verbergen. Denn die Welt kannte

Eliot für gewöhnlich nur mit seinen Initialen; vielleicht scheute er sich sogar, seinen Vornamen publik zu machen.

Als er 1957 zum zweitenmal heiratete (seine erste Frau war schon lange vorher gestorben), war dies ein Ereignis, das die Zeitungen meldeten, und man konnte in ihnen ein Bildnis des Paares betrachten; aber zugleich zog er sich ganz aus der Öffentlichkeit zurück. Als Adresse gab er nur noch die des Verlags von Faber & Faber an: 24, Russell Square, London, W.C. 1. Wer dieses Haus, das so spartanisch und unscheinbar wirkt wie die meisten Gebäude berühmter englischer Verlage, aufsuchte, in der Absicht, Informationen über ihn oder gar biographische Details zu erhalten, der wurde von der Sekretärin auf die Eintragung im «Who's Who» verwiesen, die in ihrer statistikartigen Dürre nichts vom Gemütsleben des Dichters verrät. Außerdem konnte er hören, daß Mr. Eliot wenig Wert darauf legte, wenn Bücher über ihn geschrieben würden. Nun, ob er es wollte oder nicht, er hat es nicht verhindern können, daß eine große Zahl von Büchern über ihn entstanden ist; die meisten von ihnen befassen sich freilich vorwiegend mit dem Werk. Und es wäre unfair gewesen, wenn er sich darüber beklagt hätte, denn er selbst hat viele kritische Essays über andere Dichter geschrieben, die sich jedoch auch nur mit den Werken beschäftigen. Nur ganz gelegentlich fällt er aus seiner Rolle als objektiver Kritiker, zum Beispiel da, wo er meint, wir bedürften der Kenntnis von Shakespeares Leben, um den «Hamlet» zu verstehen. (*Wood*, p. 102) Das hängt damit zusammen, daß seiner damaligen, später widerrufenen Ansicht nach der «Hamlet» als Kunstwerk mißlungen ist (Shakespeare versuchte sich an einem Problem, dem er nicht gewachsen war). Das vollkommene Kunstwerk verlangt gar nicht nach der Erhellung biographischer Hintergründe.

Eliot behandelt normalerweise andere Dichter so, wie er wahrscheinlich selbst von der Kritik behandelt werden möchte. Seine Grundsätze schockieren insbesondere den Literarhistoriker, der alles über ein Gedicht Wißbare für zum Verständnis unerläßlich hält: Entstehungszeit, Erlebnisgrundlage, Werdegang durch verschiedene Entwürfe bis zur endgültigen Fassung – manche Literarhistoriker interessieren sich mehr für all das, als für das Werk selbst. Ihnen hält Eliot entgegen: *Der Versuch, ein Gedicht dadurch zu erklären, daß man auf seine Ursprünge zurückgeht, lenkt die Aufmerksamkeit vom Gedicht ab und richtet sie auf etwas, das in der Art, wie es vom Interpreten und seinen Lesern erfaßt wird, keine Beziehung zu dem Gedicht hat und kein Licht darauf wirft.* Und: *Was mich betrifft ... so kann mir zuviel Wissen um die Ursprünge eines Gedichtes den Kontakt mit ihm zerbrechen.* (*Poetry*, p. 99 u. p. 112) Er selbst hat jedenfalls den Literarhistorikern keine Handhabe gegeben, die Ursprünge seiner Gedichte oder sein Innenleben etwa zur Zeit der Abfassung von *The Waste Land* zu studieren. Er hat weder Memoiren verfaßt, noch zur Publikation bestimmte Tagebücher geschrieben, und es ist unwahrscheinlich, daß jetzt nach seinem Tod ein Band mit Briefen erscheint.

Eliot glaubte nicht nur, daß zuviel Wissen um den Dichter und um die Hintergründe und Ursprünge seiner Dichtungen dem Verständnis des Werkes selbst schadet; er war auch der Ansicht, daß der Dichter selbst mit genauso viel und genauso wenig Autorität über sein Werk spricht wie der Leser oder Kritiker. Das heißt nicht, daß jeder Leser Eliots Dichtungen besser versteht als er selbst; er hat es jedoch meist abgelehnt, sich selbst zu interpretieren, nur über seine Dramen hat er eine Art von kritischem Rechenschaftsbericht gegeben. (*Poetry and Drama* [*Poetry*, p. 78 f]) Wer aber von ihm wissen wollte, was er «gemeint» habe, dem ging es so wie dem Journalisten, der ihn nach der Aufführung von *The Confidential Clerk* [*Der Privatsekretär*] interviewte und nach dem Sinn des Stückes fragte. *It means what it says,* gab Eliot geduldig zur Auskunft – der Sinn liegt in dem, was dasteht. «Ist es weiter nichts?» wollte der Journalist wissen. «Nein, weiter nichts.» Aber der Interviewer ließ nicht locker: «Angenommen, Sie hätten noch etwas anderes damit sagen wollen, hätten Sie dann einen anderen Sinn etwas einfacher ausgedrückt?» – «Nein, ich hätte mich genauso unklar ausgedrückt.»

Diese vermutlich wahre Anekdote findet sich in dem Buch von Hugh Kenner, das «The Invisible Poet: T. S. Eliot» heißt. Der unsichtbare Dichter! Eliot wollte es sein, und er hat auch vermocht, unsichtbar zu bleiben, soweit das in unserem neugierigen Zeitalter angeht. Was er verbarg, soll man auch im Verborgenen lassen.

Aber Eliot wird uns doch gegenwärtig, nicht in kleinen Anekdoten allein, auch nicht in Gelegenheitsversen, sondern in der Hauptsache dadurch, daß er als Dichter zu uns spricht. Für ihn gilt, mutatis mutandis, was er selbst von Shakespeare sagt: *Das Werk eines großen dramatischen Dichters wie Shakespeare bildet eine Welt. Jede Person darin spricht über sich selbst, aber kein anderer Dichter hätte für sie die Worte finden können. Wenn man nach Shakespeare selbst sucht, findet man ihn nur in den Charakteren, die er geschaffen hat; denn sie haben alle das eine gemeinsam, daß sie kein anderer als Shakespeare zu schaffen vermocht hätte. Die Welt eines großen dramatischen Dichters ist eine Welt, in der der Schöpfer überall gegenwärtig und überall verborgen ist.* (*Poetry*, p. 102)

Das gilt für Eliot, sagte ich, mutatis mutandis; und wenn man das zu Verändernde verändert, dann erweist er sich als noch weit leichter faßbar als Shakespeare. Denn Eliot ist nicht in erster Linie Dramatiker – seine Dramen sind Nebenwerke –, sondern der Autor einer kleinen Zahl von Gedichten einer bestimmten, unverwechselbaren Eigenart. Sie sind nicht im herkömmlichen und üblichen Sinne Lyrik und auch nicht balladenhaft erzählend, sie sind auch nicht einfach Meditationen in Versform, sondern, wenn das zu sagen erlaubt ist, «elioteske» Gedichte. Sie machen Eliots spezifische Dichtweise aus, und sie sind alle von ihm gesprochen, und zwar von ihm persönlich.

Daß ihm das bewußt war, zeigt der Vortrag, dessen Schlußsätze ich eben zitiert habe; er heißt *The Three Voices of Poetry* [*Die drei Stimmen der Poesie*]. Eliot definiert die «drei Stimmen der Dichtung» folgendermaßen: *Die erste Stimme ist die des Dichters, der zu sich selbst spricht – oder zu niemandem. Die zweite Stimme ist die des Dichters, der sich an eine Zuhörerschaft wendet – sei sie nun groß oder klein. Die dritte ist die des Dichters, der versucht, eine in Versen redende Gestalt in einem Drama zu schaffen; dabei sagt er nicht das, was er in eigener Person (in his own person) sagen würde, sondern nur das, was er innerhalb der Grenzen einer von ihm erdachten Gestalt, die sich an eine andere erdachte Gestalt wendet, sagen kann.* (a. a. O., p. 89) Daß ein großer Unterschied zwischen nichtdramatischen und dramatischen Versen besteht, wurde ihm klar, als er mit dem Schreiben von Dramen, das heißt mit der Darstellung von Konflikten begann.

Zugleich damit muß er begriffen haben, daß die frühe These von der Unpersönlichkeit der Dichtung nicht zutrifft; sie wird hier, wenn auch nicht ausdrücklich, noch radikaler aufgehoben als in dem Vortrag über Yeats – und in seinem letzten großen Gedicht, den *Four Quartets*, die in den vierziger Jahren entstanden, sagt Eliot sogar ausdrücklich «Ich» und meint damit auch niemanden anders als sich selbst:

So here I am, in the middle way, having had twenty years –
Twenty years largely wasted, the years of l'entre deux guerres –
Trying to learn the use of words . . .

Hier bin ich denn, in der Mitte des Wegs, nach zwanzig Jahren –
Zwanzig meist vertanen Jahren, den Jahren von l'entre deux
guerres –
Und versuche, den Umgang mit Wörtern zu erlernen . . .
(*East Coker*, p. 21)

«So here I am»

Aber Eliots Selbst ist in allen Gedichten, die er mit seiner eigenen Stimme zu einem Publikum von Lesern und Hörern spricht; sie bilden den «Kern» seiner Persönlichkeit. Wenn wir das sagen, dann brauchen wir uns nicht auf die philosophischen Probleme einzulassen, die ich oben andeutete: ob das menschliche Ich eine Einheit ist, oder ob es aus Schichten oder aus einem Bündel von lose verbundenen Vorstellungen besteht – denn «Kern» heißt hier nicht das dunkle Innere, das sich «ausdrückt», sondern das, was in sprachlicher Form offenbar ist. Um diesen Kern liegen die Dramen und Prosaschriften wie Randzonen. In den Dramen hat sich Eliot mit fremden, von ihm erdachten Personen zu identifizieren gesucht; in der Prosa hat er sich kommentiert: zwar hat er keine dunklen Stellen erläutert oder verraten, was er «sagen wollte», wohl aber hat er dadurch, daß er Dichtungen anderer untersuchte und über allgemeine Probleme des Dichtens sprach, etwas von dem gezeigt, wie er sich selbst sah, und in welche Beziehung er sich zu anderen brachte.

Der private Eliot, den seine Freunde kannten, ist im Vergleich zu dieser vielfach manifesten Persönlichkeit belanglos. Es mag angenehm oder unangenehm gewesen sein, ihm zu begegnen, er mag Stilton-Käse geschätzt und heimlich Kriminalromane geschrieben haben – das Wissen um all dies fördert nicht das Verständnis des Autors, wie er sich in seinem Werk darstellt.

Eliots kritische Prinzipien, seine Weigerung, hinter das Geschriebene und Publizierte zurückzugehen, sein Mißtrauen gegenüber dem «Blick in die Werkstatt», den mancher Wissenschaftler für unerläßlich hält, können auch uns bei dieser Untersuchung leiten. Doch brauchen wir nicht auf die Worte des Meisters zu schwören. Eliot redet gern von anderen Dichtern so, als ob sie mit ihm in einem Raum säßen und das Erdreich des Bodens, der sie trug, von den Füßen abgestrichen hätten. Sollte nicht diese Tendenz zur Mißachtung des Geschichtlichen aus seinem eigenen Leben erklärbar sein? Eliot kehrte Amerika den Rücken und ließ sich in England nieder, von wo aus seine Vorfahren im 17. Jahrhundert ausgewandert waren; damit versuchte er, seine Vergangenheit aufzuheben oder doch wenigstens zu korrigieren; er wollte Engländer sein und so fühlen, wie er von seiner Geburt her nicht fühlen konnte. Erst in den dreißiger Jahren wandelte sich sein Verhältnis zur angestammten Heimat; Zeugnis davon geben die kleinen Gedichte, die er von seinem Aufenthalt in den Vereinigten Staaten 1932/33 mitbrachte. (*Collected Poems*, p. 148 f) Sie weisen auf *The Dry Salvages* (den dritten Teil der *Four Quartets*) vor, in denen er die Landschaft seiner Kindheit und Jugend dichterisch wiedererstehen ließ; seinen theoretischen Niederschlag fand dieses Erlebnis darin, daß er in den *Notes Towards the*

Definition of Culture [*Zum Begriff der Kultur*] und in anderen Prosaschriften für den Regionalismus, für eine der Heimat verbundene Kultur eintrat.

Wer Eliot verstehen will, muß seine amerikanischen Ursprünge, die er so relativ spät in seine Dichtung und sein Bewußtsein aufnahm, berücksichtigen; zwar erklären sie ihn nicht erschöpfend, doch wäre er ohne sie nicht zu dem geworden, den wir heute vor uns sehen.

HERKUNFT UND BILDUNG

Als die Stadt Hamburg Eliot 1955 mit dem Hansischen Goethe-Preis auszeichnete, gab es unter Kennern Verwunderung; denn nicht nur hatte sich Eliot bis dahin keinerlei Verdienste um Goethe erworben, sondern sich sogar einmal, und dazu noch ex cathedra, nämlich als Professor of Poetry in Harvard, arrogant-abfällig über ihn geäußert.

St. Louis: 2635 Locust Street. Hier wohnten die Eliots

St. Louis: 4446 Westminster Place. Hier wohnte die Familie später

Gewundert hat sich vielleicht auch Eliot selbst, und es mag ihm peinlich gewesen sein, den früher Geschmähten nunmehr in der Festansprache loben zu müssen. Er bekannte sich jedoch mannhaft zu seiner Entgleisung und gestand, Verstehen und Verzeihen heischend, zu, daß es ihm nicht leichtfalle, Goethe gerecht zu werden: *Es ist offensichtlich, daß jemand wie ich Schwierigkeiten mit Goethe hat.*

1955: Eliot empfängt den Hansischen Goethe-Preis der Stadt Hamburg

Jedem, der wie ich eine katholische Gesinnung mit einem calvinistischen Geisteserbe und einem puritanischen Temperament verbindet, stellt Goethe in der Tat einige Hürden in den Weg. (*Poetry*, p. 209)

Den Calvinismus und das Puritanertum hatten ihm seine Vorfahren vermacht; Eliot fühlte sie noch in sich lebendig und begriff sie als einen Teil seines Wesens; wir tun daher gut daran, sie in unsere Betrachtung einzubeziehen. (Für das Folgende vgl. das Buch von Herbert Howarth: «Notes on Some Figures Behind T. S. Eliot», 1965, das ich dankbar benutzt habe.) Seine Ahnen waren nicht nur calvinistisch-puritanisch, sondern auch nationalbewußte Amerikaner; einer von ihnen, William Greenleaf, las 1776 als Sheriff von Boston den Bürgern die Unabhängigkeitserklärung vor, und dem Großvater des Dichters, William Greenleaf Eliot, wurde schon in der Wiege die neue Nationalhymne vorgesungen. Durch ihn wurde der Sitz der Familie von New England nach St. Louis, Missouri, verlegt.

Sein Geburtsort war New Bedford, Massachusetts; er studierte

Theologie in Harvard und ließ sich als unitarischer Priester in St. Louis nieder. Die Unitarier hatten sich zwar von dem strengen Calvinismus alter Observanz gelöst, indem sie die Lehre von der Gnadenwahl nicht anerkannten, doch bewahrten auch sie ein gutes Stück des puritanischen Geistes. Das zeigt sich an William Greenleaf Eliot, der, ein mustergültiger und beliebter Seelenhirt, gegen die Legalisierung der Prostitution und für die Prohibition kämpfte. Außerdem setzte er sich für die Sklavenbefreiung und für Frauenbildung und das Frauenstimmrecht ein. Als Unitarier war er fortschrittlich, liberal und zudem weltoffener als die Pilgerväter; er beschäftigte sich mit Philosophie, und zwar vorzugsweise mit dem deutschen Idealismus, der ihm seinen Glauben bestätigte, er hatte sogar einen Hang zur Literatur und wollte selbst schreiben, was jedoch seine beruflichen Pflichten nicht erlaubten; erst zum Ende seines Lebens verfaßte er auf Drängen seiner Familie «The Story of Archer Alexander» – die Geschichte eines Negersklaven, dem er selbst zur Freiheit verholfen hatte. Das literarische Talent des Enkels war schon im Großvater angelegt. Außerdem soll er eine nichtentwickelte Begabung zum Geschäftsmann besessen haben. Sie vererbte er auf seinen zweiten Sohn, Henry Ware Eliot, der, zunächst sehr entgegen dem väterlichen Wunsch, ins «business» ging: die Theologie überließ er seinem älteren Bruder, er selbst hatte genug davon.

Wir wissen von Max Weber, wie sehr Puritanismus und Geschäftsgeist miteinander zusammenhängen. Der Puritaner sah in dem durch ehrlichen Handel erworbenen Vermögen einen Beweis dafür, daß Gott ihn zur ewigen Seligkeit erwählt hatte; Arbeiten und Geldverdienen wurden ihm daher zur Pflicht. Henry Ware Eliot arbeitete mit unermüdlichem Fleiß und erwarb sich nach anfänglichen Mißerfolgen ein beträchtliches Vermögen, dessen Früchte er und seine zahlreiche Familie in bescheidenem Maße genossen: er baute 1897 ein geräumiges Sommerhaus in Eastern Point bei Gloucester, Mass. Auf diese Weise verbrachte der junge T. S. Eliot, das jüngste von sieben Kindern, seine Jugend teils in St. Louis, im Haus 2635 Locust Street, teils an der Küste des Atlantischen Ozeans.

Seinen zweiten Namen Stearns erhielt er nach seiner Mutter, die vor ihrer Eheschließung Charlotte Champe Stearns hieß. Man ist versucht, in dieser Namensgebung einen Akt unbewußter Weisheit zu sehen, denn die Mutter bereicherte das ohnehin schon vorhandene geistige Potential der Familie so sehr, daß es sich in ihm voll entfalten konnte – ohne übrigens vererbt zu werden, da T. S. Eliot keine Nachkommen hinterlassen hat. Sie wurde 1843 in Baltimore geboren und genoß zu ihrer eigenen und ihrer Lehrer Freude eine gute Schulbildung; die Universität freilich war ihr so wie allen Frauen

Der Vater: Henry Ware Eliot, um 1892

damals verschlossen. Sie litt darunter, daß sie mit ihren geistigen Gaben nichts anfangen konnte, und als sie ihre sieben Kinder zur Welt gebracht hatte, suchte sie sich Tätigkeit in Frauenclubs, die sich der Wissenschaft, der Kunst, der Philosophie und der sozialen Fürsorge widmeten. Vereine dieser Art entstanden im Amerika jener Zeit viel; in ihnen kam der Wunsch der liberalen Frauen zum Ausdruck, in der von Männern beherrschten Welt mitzusprechen und zu beweisen, daß sie genauso tüchtig waren wie die Männer, wenn nicht gar noch tüchtiger. Henry James hat diese Bewegung in einem seiner gelungensten Romane – «The Bostonians» – dargestellt, mit Sachkenntnis und auch mit einer niemals direkt ausgesprochenen Kritik, und wirklich kann ein maliziös gestimmter Betrachter in der Frauenbewegung das sehen, was man im Englischen unübersetzbar «busybodyness» nennt.

Doch man sollte und kann nicht abstreiten, daß Nützliches geleistet wurde. Und Mrs. Charlotte Eliot war mehr als eine enragierte Suffragette. Sie strebte danach, sich literarisch hervorzutun, sie schrieb Gedichte, wobei sie, so wie später ihr Sohn, viel experimentierte. Eins ihrer Gedichte heißt «A Musical Reverie», seine einzelnen Teile sind mit «Andante», «Presto Agitato», «Poco Tranquillo» überschrieben: eine Vorwegnahme der *Four Quartets*. Die Stellen, die Herbert Howarth daraus zitiert («Notes», p. 29), zeigen, daß sie mit der Sprache umzugehen verstand und ihre eigene dichterische Stimme hatte, wenn sie auch im Idiom des 19. Jahrhunderts befangen blieb. Aufsehen erregte sie nicht; sie publizierte nur einen kleinen Band mit religiösen Versen und gelegentlich Beiträge in religiösen Zeitschriften. Erst 1926 erschien ihr Drama «Savonarola» in London, zu dem T. S. Eliot ein Vorwort schrieb. Er war inzwischen der

Eliots Bruder Henry Ware jun. mit den Eltern im Haus Westminster Place

Eliot und seine Mutter in East Gloucester, 1895

Veranda des Eliot-Hauses in East Gloucester mit Blick auf den Hafen, 1900

berühmte Dichter des *Waste Land* geworden, das sie trotz ihres konservativen Geschmacks mit anerkennender Bewunderung las; er hatte erreicht, was ihr selbst versagt war, und es war mehr als eine pietätvolle Geste, daß er ihr seinen Essayband *For Lancelot Andrewes* widmete.

Nach dem Bürgerkrieg gab es in St. Louis eine philosophische Bewegung, die stark von Deutschland beeinflußt war. Die Stadt enthielt eine große Zahl von deutschen Einwanderern, die das Beste aus ihrer Heimat, Musik und Philosophie, mitgebracht hatte. Unter ihnen war Henry Brokmeyer, der Sohn eines jüdischen Geschäftsmannes; er war 1844 nach den Vereinigten Staaten gegangen, weil er die Freiheit des Geistes und der Tat suchte. Sein Lebensinhalt war Hegel, dessen Philosophie er lebte und lehrte. Aber der metaphysische Elan, der schon William Greenleaf Eliot erfaßt hatte, verlor seine Kraft bald. Einmal wohl einfach deswegen, weil das spekulative Denken den Angelsachsen im allgemeinen nicht liegt; für viele von ihnen ist «metaphysical» gleichbedeutend mit unklar und verstiegen, und es gilt als «chic», sich ausdrücklich davon zu distanzieren. Selbst T. S. Eliot kokettiert manchmal mit der Behauptung, daß er keinen

Sinn für *abstruses* Denken habe. Zum anderen aber richteten die Bürger von St. Louis, so wie die meisten Amerikaner des siegreichen Nordens (St. Louis war im Bürgerkrieg der Union treugeblieben), ihre Energien auf das Geldverdienen und träumten davon, ihre Stadt zu einer der größten Handelsmetropolen der Neuen Welt zu machen. Es setzte eine Gigantomanie ein, die sich in einer Bewunderung für Zahlen manifestierte. Schriftsteller wie Walt Whitman und Mark Twain teilten diese Bewunderung, andere aber, deren Geist feiner organisiert war, fühlten sich angeekelt und gingen nach Europa: als erster Henry James, später Ezra Pound und eben T. S. Eliot.

Wenn er sich überhaupt in Amerika zu Hause fühlte, dann war es in New England. Als Kind verbrachte er, wie schon erwähnt, die Sommermonate im Hause seines Vaters bei Gloucester, einer Hafenstadt, die in einer besonderen Weise europäisch war, denn dort lebten Angehörige vieler europäischer Nationen als Fischer und Seeleu-

Eliot mit seinen Eltern beim Segeln in Gloucester

te, die ihren eigentümlichen Lebensstil beibehielten: Portugiesen, Franzosen, Dänen, Schweden, Italiener. Rudyard Kipling, den Eliot schätzte, hat Gloucester und seine Menschen in «Captains Courageous» geschildert, und Eliot selbst hat in *The Dry Salvages* seine Erinnerungen daran in Dichtung verwandelt. Besonders das südeuropäische Element ist dort reichlich vertreten; deswegen entspricht es nicht nur seinem persönlichen katholischen Empfinden, wenn Eliot im vierten Teil dieses Gedichts ein Gebet an die Jungfrau Maria richtet. Auf einer Anhöhe in Gloucester steht eine Kirche, die einer Kirche auf den Azoren nachgebildet ist; in ihr bitten die portugiesischen Seeleute, genauso wie in ihrer Heimat, die Mutter Gottes um Schutz und glückliche Rückkehr von der Fahrt.

Zwei Gedichte der Mutter

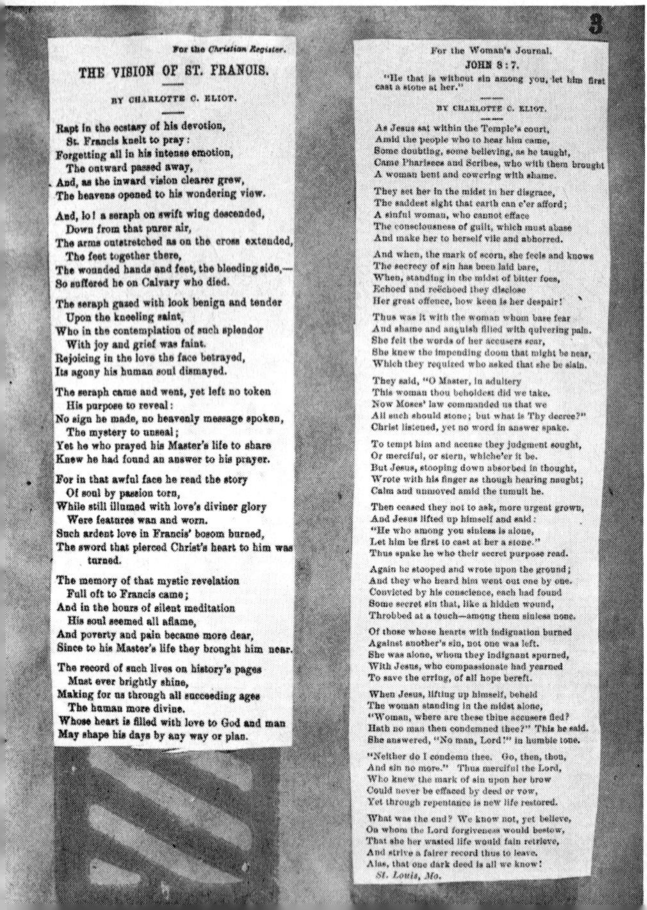

3

For the Christian Register.

THE VISION OF ST. FRANCIS.

BY CHARLOTTE C. ELIOT.

Rapt in the ecstasy of his devotion,
St. Francis knelt to pray:
Forgetting all in his intense emotion,
The outward passed away,
And, as the inward vision clearer grew,
The heavens opened to his wondering view.

And, lo! a seraph on swift wing descended,
Down from that purer air,
The arms outstretched as on the cross extended,
The feet together there,
The wounded hands and feet, the bleeding side,—
So suffered he on Calvary who died.

The seraph gazed with look benign and tender
Upon the kneeling saint,
Who in the contemplation of such splendor
With joy and grief was faint.
Rejoicing in the love the face betrayed,
Its agony his human soul dismayed.

The seraph came and went, yet left no token
His purpose to reveal:
No sign he made, no heavenly message spoken,
The mystery to unseal;
Yet he who prayed his Master's life to share
Knew he had found an answer to his prayer.

For in that awful face he read the story
Of soul by passion torn,
While still illumed with love's diviner glory
Were features wan and worn.
Such ardent love in Francis' bosom burned,
The sword that pierced Christ's heart to him was turned.

The memory of that mystic revelation
Full oft to Francis came;
And in the hours of silent meditation
His soul seemed all aflame,
And poverty and pain became more dear,
Since to his Master's life they brought him near.

The record of such lives on history's pages
Must ever brightly shine,
Making for us through all succeeding ages
The human more divine.
Whose heart is filled with love to God and man
May shape his days by any way or plan.

For the Woman's Journal.

JOHN 8:7.

"He that is without sin among you, let him first cast a stone at her."

BY CHARLOTTE C. ELIOT.

As Jesus sat within the Temple's court,
Amid the people who to hear him came,
Some doubting, some believing, as he taught,
Came Pharisees and Scribes, who with them brought
A woman bent and cowering with shame.

They set her in the midst in her disgrace,
The saddest sight that earth can e'er afford;
A sinful woman, who cannot efface
The consciousness of guilt, which must abase
And make her to herself vile and abhorred.

And when, the mark of scorn, she feels and knows
The secrecy of sin has been laid bare,
When, standing in the midst of bitter foes,
Echoed and reëchoed they disclose
Her great offence, how keen is her despair!

Thus was it with the woman whom base fear
And shame and anguish filled with quivering pain.
She felt the words of her accusers sear,
She knew the impending doom that might be near,
Which they required who asked that she be slain.

They said, "O Master, in adultery
This woman thou beholdest did we take.
Now Moses' law commanded us that we
All such should stone; but what is Thy decree?"
Christ listened, yet no word in answer spake.

To tempt him and accuse they judgment sought,
Or merciful, or stern, whiche'er it be.
But Jesus, stooping down absorbed in thought,
Wrote with his finger as though hearing naught;
Calm and unmoved amid the tumult he.

Then ceased they not to ask, more urgent grown,
And Jesus lifted up himself and said:
"He who among you sinless is alone,
Let him be first to cast at her a stone."
Thus spake he who their secret purpose read.

Again he stooped and wrote upon the ground;
And they who heard him went out one by one.
Convicted by his conscience, each had found
Some secret sin that, like a hidden wound,
Throbbed at a touch—among them sinless none.

Of those whose hearts with indignation burned
Against another's sin, not one was left.
She was alone, whom they indignant spurned,
With Jesus, who compassionate had yearned
To save the erring, of all hope bereft.

When Jesus, lifting up himself, beheld
The woman standing in the midst alone,
"Woman, where are these thine accusers fled?
Hath no man then condemned thee?" This he said.
She answered, "No man, Lord!" in humble tone.

"Neither do I condemn thee. Go, then, thou,
And sin no more." Thus merciful the Lord,
Who knew the mark of sin upon her brow
Could never be effaced by deed or vow,
Yet through repentance is new life restored.

What was the end? We know not, yet believe,
On whom the Lord forgiveness would bestow,
That she her wasted life would fain retrieve,
And strive a fairer record thus to leave.
Alas, that one dark deed is all we know!

St. Louis, Mo.

Die Mutter: Charlotte Champe Eliot, geb. Stearns

Mehr noch als diesen Jugendeindrücken verdankt Eliot seinem Studium in Harvard, das damals, um die Jahrhundertwende, seine «golden era» erlebte. Die Vorlesungen und Kurse wurden von Gelehrten abgehalten, deren Namen noch heute in der englischsprechenden Welt Klang haben, und manche von ihnen auch darüber hinaus: von den Philosophen William James, George Santayana, Josiah Royce, den Historikern und Literarhistorikern George Lyman Kittredge, Charles Homer Haskins, Charles Eliot Norton, Ken Rand und Irving Babbitt. In Harvard herrschte ein Sinn für Vergangenheit, der vielleicht spezifisch amerikanisch ist; man kann ihn charakterisieren als eine Verbindung von liebevollem Aneignen und kritischer Gelehrsamkeit. Eliot konzentrierte sich zunächst auf die alten Sprachen, die er schon in der Schule zu lernen angefangen hatte; er absolvierte in drei Jahren, von 1906 bis 1909, sein Studium als undergraduate,

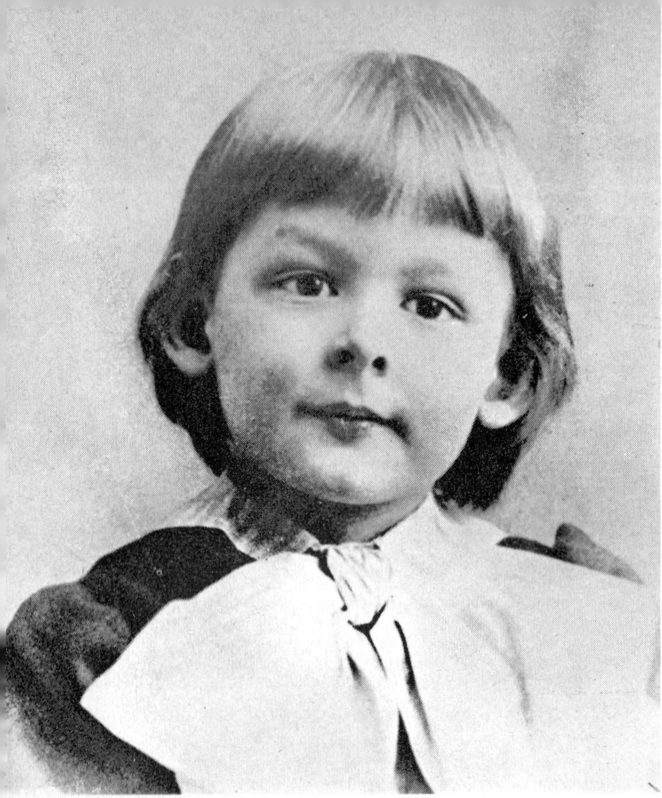

Der Dreijährige

das er mit dem Grad eines Bachelor of Arts abschloß; 1910 erhielt er den Grad eines Master of Arts. Aber er war genausowenig ein beschränkter Spezialist wie die meisten seiner Lehrer. Er machte sich mit Philosophie und mittelalterlicher Literatur und Geschichte vertraut, er las französische und, wie man kaum erwähnen muß, englische Autoren, und schließlich vor allem Dante, dessen Studium in Harvard schon eine lange Tradition hatte. Zu Eliots Zeit wurde sie von Charles Eliot Norton fortgeführt. Er lehrte Dante auf eine sehr unkonventionelle Weise, indem er in seinen Kurs Studenten aufnahm, die wenig (oder auch, wie es heißt, gar kein) Italienisch verstanden – obwohl sie sicher alle gute Lateiner waren –, und führte sie allmählich in die «Divina Commedia» ein, ohne sich zunächst mit Fragen der Grammatik und ähnlichem aufzuhalten. So ging er mit ihnen in einem Jahr das ganze Werk durch. Ein professioneller Romanist wird diese Methode vielleicht mit Verachtung ansehen, aber Norton brachte fertig, was nicht jedem professionellen Romanisten und auch nicht allen zünftigen Dante-Forschern gelingt: er machte seinen Schülern den alten Text lebendig und zeigte ihnen, daß hier etwas war, das zu kennen sich lohnte.

In dieser Art begann auch Eliot, seinen Dante zu lesen, und er machte sich ihn in fortgesetzter Lektüre so zu eigen wie keinen anderen Dichter. Anklänge und Reminiszenzen an ihn durchziehen seine eigenen Werke; er lernte von ihm, wie er selbst sagte, das mittelalterliche Inferno zum modernen Leben – das ihm manchmal wie ein Inferno vorkam – in Beziehung zu setzen, und außerdem noch dreierlei: die Pflicht, an der *Entwicklung und Veredelung seiner Sprache zu arbeiten, die Weite des Empfindens* (*a width of emotional range*), und endlich das *Europäertum.* («Adelphi», 1951, p. 107)

Eliots Europäertum ist jedoch auch von Harvard geprägt; es fragt sich, ob ihn das Studium an einer anderen Universität zu einer gleichen geistigen Aneignung befähigt hätte. In Harvard bewahrte sich das Beste vom Geist der Alten Welt, und gerade in der kolonialen Absonderung erkannte man die Notwendigkeit, an das Vergangene anzuknüpfen und es fortzuführen. Das bedeutete eine Stellungnahme gegen die Tendenz, die insbesondere der Dichter Walt Whitman mit lauter Stimme verkündete: daß Amerika sich von Europa lösen und eine eigene Dichtung, seinen eigenen Geist schaffen müsse.

Eliot (links) mit Nichten und Gouvernanten. East Gloucester, 1906

H. W. Eliot mit seinem Sohn T. S. Eliot, Gloucester, um 1895

(Eliot hatte keine hohe Meinung von Whitman, er bezeichnete seine Ideen als zum größten Teil Phrasendrescherei, *claptrap*, vgl. seine Einleitung zu Ezra Pounds «Selected Poems», p. 10.) Es bedeutete auch eine Absage an den liberalen Fortschrittsglauben, den in Harvard selbst der damalige Präsident Charles William Eliot (1834–1926, er war ein entfernter Verwandter des Dichters) vertrat. Dagegen erhob sich Irving Babbitt (1865–1933), in dem sich das eigentliche, das alte Harvard verkörperte. Er war der akademische Lehrer, dem T. S. Eliot am meisten verdankte. Es ist darum angebracht, auf Babbitts Lehren einzugehen; denn von Babbitt sprechen, heißt von Eliot sprechen: bis in seine letzten Jahre hat Eliot die Gedanken des Meisters beibehalten und weitergedacht.[1]

Das bezeugt Eliot selbst, wenn er in seinem Nachruf auf Babbitt sagt: *Er galt nur bei wenigen etwas... seine freimütig geäußerte Verachtung für gängige Lehrmethoden verschaffte ihm den Ruf, nicht populär zu sein, und das zog einige der intelligenteren (discerning) Studenten an... Ich glaube, ich hörte bei ihm Vorlesungen über französische Literaturkritik, aber in ihnen war viel die Rede von Aristoteles, Longinus und Dionysios von Halicarnass; und sie berührten häufig Themen wie Buddhismus, Konfuzius, Rousseau und aktuelle politische oder religiöse Angelegenheiten. Irgendwie wurde man dazu veranlaßt, eine Reihe von Büchern zu lesen, etwa die «Politik» des Aristoteles oder die Fabeln von Lafontaine, und zwar nur deswegen, weil Babbitt voraussetzte, daß jeder gebildete (educated) Mensch sie gelesen hätte.* (*Criterion*, Oktober 1933)

Um 1899/1900

Babbitt hatte den Lehrstuhl für Französisch inne, aber er beschränkte sich nicht auf sein Fach, in seinen Büchern noch weniger als in seinen Vorlesungen; er war Erzamerikaner – er hatte als Kind Zeitungen verkauft und später auf Farmen gearbeitet, sogar Cowboy war er eine Zeitlang gewesen –, aber er verachtete die «American ideas» und mit ihnen die ganze Moderne, die er in Grund und Boden verurteilte; seine Lehrmeister waren Cicero, Aristoteles, Sokrates, Buddha und Konfuzius, die er als «Humanisten» verstand.

1 Vgl. hierzu die Kapitel über Literaturkritik und Kulturkritik; in dem Kapitel über Eliots Konversion wird gezeigt, auf welche Weise er sich mit Babbitt auseinandersetzte und zum Teil von ihm löste.

Henry James

Die Wörter human, Humanismus und Humanist werden viel gebraucht und noch öfter mißbraucht. Das wußte Babbitt sehr wohl, und deswegen insistierte er darauf, daß diese Begriffe, genauso wie alle allgemeinen Begriffe, die stets zur Verwaschenheit tendieren, definiert werden müssen – was Eliot von ihm gelernt (vgl. z. B. seine *Notes Towards the Definition of Culture*), wenn auch, wie wir oben sahen, nicht durchweg befolgt hat. Was versteht nun Babbitt unter Humanismus? Der Definition dieses Begriffes widmet er das erste Kapitel seines Buches «Literature and the American College» (1908). Hier geht er auf Aulus Gellius' «Noctes Atticae», XVIII, 17 zurück – also «ad fontes», wie es die Humanisten der Renaissance forderten –, wo der Gebrauch des Wortes «humanitas» im Sinne von allgemeinem, unterschiedslosem Wohlwollen (promiscuous benevolence) als inkorrekt getadelt wird: «humanitas» beruht auf Wissen und Zucht (doctrine and discipline) und kann demnach nur von wenigen Auserwählten ausgesagt werden, ist seinem Sinne nach aristokratisch und nicht demokratisch. Babbitt warnt davor, «humanism» mit «humanitarianism» gleichzusetzen. Wenn Schiller in seinem «Lied an die Freude» der ganzen Welt einen Kuß schenken will, dann spricht er als «humanitarian»: «Der Humanist ist wählerischer mit seinen Liebkosungen» – «The humanist is more selective in his caresses». So verbindet sich mit dem aristokratischen ein individualistischer Zug: der Humanist will, nach Babbitt, sich selbst vervollkommnen und legt weniger Wert darauf, die Menschheit im Ganzen zu fördern.

Babbitt nennt diesen seinen aristokratischen Individualismus deswegen Humanismus, das heißt Menschlichkeit, weil für ihn das Menschsein nicht etwas einfach Gegebenes ist, sondern einen Anspruch impliziert, dem man Folge leisten muß, um erst dadurch zum Menschen zu werden. Der Humanist erkennt in sich ein Selbst, das Kontrolle auszuüben in der Lage ist, und ein anderes Selbst, das kontrolliert werden muß; seine Haltung gegenüber dem Leben ist somit notwendigerweise dualistisch. («On Being Creative», 1932, p. XIV f) Die Selbstkontrolle macht für Babbitt erst den Menschen zum Menschen; er spricht in seinen verschiedenen Büchern manchmal auch vom «inneren Leben» (inner life), in dem der «moralische Kampf» (moral struggle) ausgetragen wird, oder auch vom «inner check» (vgl. «Democracy and Leadership», 1924, p. 289 – 290 u. 251–252). Damit wird es klar, daß Babbitts Humanismus aristokratisch und individualistisch sein muß; denn nur der Einzelne kann den «inner check» ausüben, und dadurch, daß er ihn ausübt, zeichnet er sich aus.

Irving Babbitt

Babbitt wußte sich mit seinen Meistern – Konfuzius, Buddha und den anderen oben genannten – eines Sinnes; hervorragende Menschen hatten schon von jeher diese Art der Menschlichkeit gelehrt und vorgelebt. Er selbst wollte nicht neue Lehren aufstellen, sondern die alten und bewährten wieder bewußt machen. Es läßt sich jedoch nicht übersehen, daß sein Humanismus nicht universal menschlich ist, sondern eine spezifische Prägung aufweist. Der Begriff der «control» insbesondere verrät es: Babbitt ist Puritaner. Tugend (virtue) ist für ihn wesentlich restriktiv (restrictive, vgl. «Democracy», p. 119), das heißt eine Fähigkeit, die spontanen Neigungen und Triebe einzudämmen. Die antik-mittelalterliche und zudem eigentlich aristokratische Tugend der Großzügigkeit, die Aristoteles als Megalopsychia begriff, spielt in seinem Denken keine Rolle.

Babbitts Puritanertum, dessen er sich durchaus bewußt war (vgl. z. B. «Democracy», p. 251–252), befähigte ihn, den Wert der traditionellen christlichen Religion gerade für den Humanismus zu sehen, obwohl er selbst sich nicht als Christ verstand. Wenn der Mensch,

Dante. Bronzebüste, 16. Jahrhundert.
Neapel, Museo Nationale

um menschlich zu sein, sich selbst kontrollieren muß, dann bedarf er einer Instanz, die über ihm steht; deswegen forderte Babbitt die Tugend der Demut (humility), die er bei den antiken Denkern vermißte, aber sowohl bei Konfuzius wie im Christentum fand. Er zitierte verschiedentlich den Vers Dantes «In his will is our peace» (E la sua volonate è nostra pace, Paradiso III, 85, vgl. «Democracy», p. 161, «On Being Creative», p. XLI) – Eliot hat diesen Vers geliebt, und man weiß, wie wichtig ihm die Demut war. Weder er noch sein Lehrer freilich waren willens, diese Tugend bis zum Überschwang zu treiben. Babbitt etwa sieht im Verfall des amerikanischen Puritanismus Symptome, die er gnadenlos verurteilt. Er habe, so berichtet er einmal, bei einem Spaziergang in New England durch die Fenster

Harvard University, Cambridge

eines Farmhauses gesehen, wie sich die Familie in die «heitere Beilage» eines Boulevardblattes vertiefte. Es war Sonntag abends – früher hätte diese Familie in der Bibel gelesen. «Der Fortschritt von der Bibel zur heiteren Beilage ist wohl der Fortschritt von religiöser Zucht zu einer Mischung von Anarchie und Idiotie.» («Literature», p. 64) Das klingt nicht gerade demütig – obwohl es zutrifft.

Babbitt lehnte die moderne Idee des Fortschritts ab, weil sie, wie er meinte, auf einem Mißverständnis des Menschen beruhte. Er machte Rousseau dafür verantwortlich, der mit seiner Lehre von der natürlichen Gutheit des Menschen die Tugend ihres restriktiven Charakters beraubte und zum bloßen Sich-gehen-Lassen degradierte: wenn der Mensch an sich gut ist, dann braucht er nur seinen natürlichen Impulsen zu folgen. Rousseau verlegte damit das Übel in der Welt aus dem Einzelnen in die Gesellschaft und sah nicht die Notwendigkeit des «moralischen Kampfs im Innern»; eine Änderung der Gesellschaft müßte das Glück auf Erden herbeiführen. Rousseauisten waren, nach Babbitt, Romantiker wie Blake, Wordsworth, und vor allem Shelley (für den Eliot kaum ein gutes Wort übrighatte), außerdem die Marxisten und die Anhänger der Demokratie – denn sie glauben, daß die Mehrheit der an sich guten und auch erkenntnisfähigen Menschen die richtige Wahl treffen und zum richtigen Ziel gelangen. Babbitt meinte, dieser Glaube sei gründlich als Irrtum bloßgestellt, und er fühlte sich versucht, die amerikanische Demokratie als ein «standardisiertes und kommerzialisiertes Melodrama» zu definieren. («Democracy», p. 263 u. p. 242; außerdem «Rousseau and Romanticism», 1919, passim.) Babbitt lehnte auch die Idee des wissenschaftlichen Fortschritts ab, so wie sie Bacon inauguriert hatte. Bacon löste, obzwar noch nicht so radikal wie seine Nachfolger, den Intellekt von der Kontrolle durch die Ethik ab und bereitete so die Selbstzerstörung der Menschheit vor: ein Ereignis, das Babbitt als möglich voraussah, wenn es gelänge die im Atom eingeschlossenen Energien freizusetzen. Er zweifelte nicht daran, daß es nach dem Zusammenbruch der «traditional controls ... fools and madmen», Narren und Wahnsinnige darangehen würden, diese Energien zur Zerstörung zu benutzen. («Democracy», p. 143–144)

Es ist, um es noch einmal zu betonen, für das Verständnis Eliots wichtig, daß er in die Schule Babbitts ging. Babbitt war der dezidierte Antiromantiker; er ließ keine Gelegenheit aus, Rousseau und die Romantiker anzugreifen, mit einem Haß, der manchmal übertrieben erscheint und sicher zuweilen zu Ungerechtigkeiten verführt. Babbitt setzte sich für die Bewahrung des Klassischen ein, das er bei den Griechen und Römern, in der französischen Literatur des 17. Jahrhunderts und allerdings auch bei Goethe fand, für welchen, wie erwähnt, Eliot wenigstens in seinen Anfängen wenig Verständnis hatte. Aber Eliot hat verschiedentlich seine Bewunderung für Racine ausgesprochen und in seiner Rede *What is a Classic? [Was ist ein Klassiker?]* Vergil als den Klassiker schlechthin bezeichnet – wie Babbitt war Eliot von der Unersetzbarkeit der Bildung überzeugt, die das Studium des Griechischen und Lateinischen gibt. Und beide stehen im Gegensatz nicht nur zur Romantik, sondern zum Modernen, zu den «modern ideas», die damals aufkamen und heute noch gelten. Was Eliot während seines Aufenthalts in Frankreich (1910 bis 1911) an Gedanken in sich aufnahm – er las unter anderen Charles Maurras und Julien Benda –, bestätigte im wesentlichen das von seinem Meister Empfangene, und mit provokatorischem Stolz rechnete er sich in seinem Essay über Babbitt zu denjenigen, *die nicht den Anspruch stellen, modern zu sein . . .* (*L A*, p. 138) Als er das schrieb, war er freilich noch über Babbitt hinausgegangen und zum Christentum konvertiert; der Humanismus genügte ihm nicht mehr; allein war, wie wir sahen, schon bei Babbitt ein religiöses Element puritanischer Art angelegt, von dem man sagen könnte, daß es bei Eliot zum Durchbruch kam. Es empfiehlt sich jedoch in diesem Zusammenhang, dem Vorbild Babbitts (und seinem Vorbild Sokrates) zu folgen und den Begriff des Modernen zu definieren. Modern (von lateinisch modernus) ist zunächst eine «vox media», das heißt hat weder positiven noch negativen Sinngehalt, sondern bedeutet einfach das, was gerade eben (modo) entstanden ist und somit gegenwärtig gilt oder im Schwange ist. Einen positiven Klang erhält das Wort da, wo man das Neue dem Alten grundsätzlich vorzieht und sich selbst, die eigene Zeit, die eigenen Gedanken und Lebensformen für besser hält als alles Frühere. Dazu bedarf es des Glaubens an den Fortschritt, der in der Aufklärung entstand und, nebenbei gesagt, völlig irrational, durch nichts beweisbar, eine bloße Überzeugung ist: des Glaubens, daß die Menschheit von der Nacht zum Licht schreitet, wobei der Gläubige sich selbst zwar noch nicht ganz am Ziele, aber doch auf dem richtigen Wege wähnt. Gegen diese Art der Modernität richteten Babbitt und Eliot ihre Angriffe, und mit ihnen andere, recht verschiedene Geister wie Baudelaire, Nietzsche, Yeats, Maritain; aber die Verwerfung der auf dem Fortschrittsglauben basierenden Modernität implizierte nicht einfach die Rückkehr zur Vergangenheit und enthielt auf der anderen Seite die Forderung, «Zeitgenosse der eigenen Zeit» zu sein. Für Babbitt bedeutete das die kritische Auseinandersetzung mit der Gegenwart, die Prüfung des Gängigen und Aktuellen auf seinen Wert fürs Leben (vgl. «Democracy», p. 144–145, p. 156 u. ö.), für Eliot, daß er als Dichter seine *eigene Stimme* (*Poetry*, p. 252) suchte, um das Neue, das er sagen wollte,

Jean-Jacques Rousseau

Arthur Symons, 1906

auf neue Weise zu sagen. Er brauchte Lehrmeister, die ihn im Sprechen unterwiesen, und sie fand er in der «Moderne», im «eben Entstandenen», und damit freilich entfernte er sich von Babbitt, der die neuere Literatur ebenso verachtete wie die «modern ideas». Über die Entwicklung seines dichterischen Geschmacks hat der sonst so verschwiegene Eliot verschiedentlich berichtet und damit Selbstzeugnisse gegeben, die hier zitiert zu werden verdienen. In *The Use of Poetry and the Use of Criticism* – Vorlesungen, die 1932 bis 1933 in Harvard gehalten wurden – erzählt er von einer vorpubertären Freude an kriegerischer und blutrünstiger Dichtung, die, wie er vermutet, viele Jungen in diesem Alter empfinden. Damals las er auch schon Shakespeare, aber nur deswegen, weil man ihn dafür lobte: *Wäre ich ein Kind von mehr selbständiger Geistesart gewesen, dann hätte ich mich geweigert, ihn überhaupt zu lesen.* Danach kam für ihn eine Epoche, in der er gar kein Interesse für Dichtung hatte, dann aber, etwa mit vierzehn Jahren, fand er zufällig ein Exemplar von Fitzgeralds «Omar», das ihm *eine fast überwältigende Einführung in eine neue Welt des Fühlens* gab. *Es war wie eine plötzliche Bekehrung; die Welt sah neu aus, in hellen, köstlichen und schmerzvollen Farben gemalt. Danach machte ich den üblichen Kursus für Heranwachsende (adolescent course) mit Byron, Shelley, Keats, Rossetti, Swinburne durch.* (a. a. O., p. 32–33) [1]

In Harvard galten damals Tennyson und Browning als vorbildlich. Amerikanische und englische Studenten sind literarisch weit aktiver, als man bei uns gewöhnlich annimmt; an angelsächsischen Universitäten wird wahrscheinlich mehr gedichtet als an deutschen, auf jeden

1 Edward Fitzgeralds (1809–83) Nachdichtung «The Rubáiyát of Omar Khayyám» gehörte zu den beliebtesten Gedichtbüchern des 19. Jahrhunderts.

Fall werden dort dichterische Versuche ernst genommen, ernsthaft diskutiert und in Zeitschriften veröffentlicht. Eliot schrieb im «Harvard Monthly» und im «Harvard Advocate», den er zusammen mit Conrad Aiken herausgab. («Advocate» bedeutete, nach Aiken, «diaboli advocati», vgl. seinen Artikel in der Festschrift für Eliot zum 60. Geburtstag: «T. S. Eliot. A Symposium», Compiled by Richard Marsh and Tambimuttu, London 1948, p. 20; im folgenden zitiert als «Festschrift».) Eliot fiel nicht als besonders talentiert auf, er war kein frühreifes Genie; er hatte auch, nach eigenem Zeugnis, seine Stimme noch nicht gefunden, er lernte ihren Gebrauch erst durch die Begegnung mit französischen Dichtern, die ihm Arthur Symons vermittelte.

Eliot las Symons' Buch «The Symbolist Movement in Literature» (1899) im Dezember 1908 (vgl. dazu Howarth: «Notes», p. 103 f), die Lektüre erschloß ihm, ähnlich wie der «Omar» Fitzgeralds, *eine neue Welt des Fühlens*, wie er selbst bekannte: ... *wenn wir uns an die Zeit erinnern können, als wir noch nichts von den französischen Symbolisten wußten und «The Symbolist Movement in Literature» kennenlernten, dann denken wir daran, daß uns dieses Buch eine Einführung in völlig neue Gefühle, eine Offenbarung war.* (Wood, p. 5) Und im *Criterion* vom Januar 1930 schrieb er: ... *Mr. Symons' Buch war sehr gut für seine Zeit; es bewirkte, daß man die Dichter zu lesen wünschte, über die Mr. Symons schrieb. Ich persönlich verdanke Mr. Symons sehr viel; hätte ich sein Buch nicht gelesen, dann hätte ich im Jahre 1908 nichts von Laforgue und Rimbaud gehört; wahrscheinlich hätte ich nicht Verlaine gelesen, und ohne Verlaine wäre ich nicht auf Corbière gekommen. So gehört das Symons'sche Buch zu denen, die den Lauf meines ganzen Lebens bestimmt haben.*

Arthur Symons lebte von 1865 bis 1945; seinen eigentlichen Ort hat er in den englischen neunziger Jahren, als man gegen den Viktorianismus rebellierte, als Beardsley und Wilde das bürgerliche Publikum in Zorn versetzten und die Literaten und Künstler einem von Walter Pater inspirierten Ästhetentum huldigten. Man blickte nach Frankreich; Symons war der große Vermittler: er nahm an den «Jeudis» von Mallarmé teil, übersetzte, schrieb Gedichte im Stile von Baudelaire und Verlaine, und eine große Zahl von Essays, deren leicht manierierte, an Pater geschulte Kadenzen selbst schon für Eliot neu und erregend geklungen haben müssen. Sie brachten den Geruch der Spätzeit mit sich, einer spielerisch-heiteren Müdigkeit, die nichts Puritanisches an sich hat; man fühlt, daß Symons in den Cafés, den Pubs und den Music Halls zu Hause war und aus seinen Erfahrungen exquisite Gefühle zu destillieren verstand. Hören wir einige Sätze aus seinem Essay über Laforgue, die zunächst im Original mitgeteilt seien: «Verse, always elegant, is broken up into a kind of mockery of prose:

Encore un des mes pierrots mort;
Mort d'un chronique orphelinisme;
C'était un cœur plein de dandysme
Lunaire, en un drôle de corps;

he will say to us, with a familiarity of manner, as of one talking languidly, in a low voice, the lips always teased into a slightly bitter smile... Here, if ever, is modern verse, verse which dispenses with many of the privileges of poetry, for an ideal quite its own... It is an art of the nerves, this art of Laforgue, and it is what all art would tend towards if we followed our nerves on all their journeys. There is in it all the restlessness of modern life, the haste to escape from whatever weighs too heavily on the liberty of the moment, that capricious liberty which demands only room enough to hurry itself weary.» («Der Vers, immer elegant, wird aufgebrochen, so daß er die Prosa zu verspotten scheint:

Wieder starb einer von meinen Pierrots,
Starb an chronischem Waisentum;
Sein Herz war voll von Dandytum
Mondhaft, in einem possierlichen Körper;

so spricht er zu uns, vertraulich wie ein guter Bekannter, mit matter, leiser Stimme, die Lippen ständig zu einem bitter spottenden Lächeln verzogen... Hier, wenn irgendwo, haben wir moderne Verse, Verse, die auf viele Vorrechte des Dichterischen Verzicht leisten, um eines Ideals willen, das nur ihres ist... Es ist eine Kunst der Nerven, diese Kunst von Laforgue, und sie ist das, wohin alle Kunst gehen würde, wenn wir unseren Nerven auf ihren Reisen folgten. In ihr ist die ganze Ruhelosigkeit des modernen Lebens, die eilige Flucht vor all dem, was zu schwer auf der Freiheit des Augenblickes liegt, diese launische Freiheit, die nur eben so viel Platz will, als sie braucht, um sich müde zu eilen.» [a. a. O., p. 103, 104, 108]) Was mag wohl der Schüler Babbitts bei diesen Sätzen empfunden haben?

Den morbiden Ton des Dandy hat Eliot nie getroffen und wohl auch nie zu treffen gesucht; dafür blieb er zu sehr Puritaner; aber Laforgue, so wie ihn Symons vorstellte, bestätigte seine wahrscheinlich damals schon bestehende Tendenz zur Unpersönlichkeit («Wir wissen nichts über Laforgue», schreibt Symons, «was uns sein Werk nicht besser zu sagen vermag...»), seine gentlemanhafte Gepflegtheit und Unauffälligkeit, die Höflichkeit, die sich nicht festlegt und so einen Schutzwall um das Innere der Person zieht; er zeigte ihm die Möglichkeit, Slang und Umgangssprache in die Dichtung aufzunehmen und den Vers «frei» zu behandeln, ohne in die Unart zu verfallen, schlechte und nachlässige Prosa zeilenmäßig aufzugliedern und als «freie Verse» auszugeben. Und als Eliot sich eine Ausgabe von Laforgue besorgt hatte, stellte er fest, daß Laforgue auch ein Dichter der Stadt, des gelben Gaslichts und der nebligen Straßen war. Die moderne Großstadt war poesiefähig geworden. Baudelaire gilt als der Dichter, der die Großstadt für die Poesie entdeckte – nicht ganz mit Recht, denn schon Swift und Blake haben Großstadtgedichte geschrieben; da sie jedoch in dieser Hinsicht ohne Wirkung blieben, war auch er es, dem Eliot den Blick verdankte für die *poetischen Möglichkeiten ... die in den schäbigeren Aspekten der modernen Metropolen enthalten sind; für die Möglichkeit, das Schäbig-Realistische mit dem Phantastischen zu verbinden ... Von ihm wie von Laforgue lernte ich, daß meine Art von Erfahrungsmaterial, das ich als junger Mann in einer amerikanischen Industriestadt gewonnen hatte, Material für Dichtung sein konnte, und daß die Quelle einer neuen Dichtung sich vielleicht in dem finden ließ, was bislang als unmöglich, als steril, als der Dichtung entzogen galt ... Es kann sein, daß sich meine Verpflichtung gegenüber Baudelaire auf ein halbes Dutzend Verse aus dem Ganzen der «Fleurs du mal» beschränkt, und daß sich seine Bedeutung für mich in den beiden Versen zusammenfassen läßt:*

Jules Laforgue. Gemälde von Franz Skarbina, 1885

Fourmillante Cité, cité pleine de rêves,
Où le spectre en plein jour raccroche le passant ...[1]

(«Adelphi», 1951, p. 107)

---

1 Wimmelnde Stadt, Stadt voll von Träumen, / wo das Gespenst am hellen Tag sich dem Vorübergehenden aufdrängt ...

Charles Baudelaire.
Fotografie von Étienne Carjal

Diese beiden Zeilen erscheinen dann auch in dem polyglotten Mosaik des *Waste Land*, mit dem Eliot seine Version der Großstadt gibt. Viel mehr hatte Baudelaire ihm nicht zu sagen; Gedichte wie «La Vie antérieure», «Le Balcon», «Le Jet d'eau», deren musikalischer Sprachzauber an den Sensualismus Keats' oder Tennysons denken läßt, übten auf ihn keinen Reiz aus. In ihnen spricht der romantische Baudelaire, den Babbitt mit puritanischer Strenge verurteilte (vgl. «Literature and the American College», p. 173 u. 229) – und den Algernon Charles Swinburne als einen Bruder im Geiste liebte und den Dichtern der englischen neunziger Jahre, Arthur Symons, Dowson und anderen, als liebenswertes Vorbild vererbte. Eliot hat sich von Symons bald distanziert, er verdankte ihm zwar wichtige Anregungen, aber er nahm sich nur das, was er brauchte, und machte sich später in ausdrücklicher Auseinandersetzung mit Symons einen Baudelaire zurecht, der seinem eigenen Geiste entsprach: einen katholischen Puritaner.

Durch die Begegnung mit den französischen Dichtern wurde Eliot der Weg nach Frankreich vorgezeichnet. Paris war das geistige Zentrum Europas, der Ursprungsort der modernen Kunst und Dichtung, zu dem sich alle Großen der neueren Zeit hingezogen fühlten; Eliot erwähnt in seinem Vortrag über die *Einheit der europäischen Kultur* Rilke und Yeats, denen er sich selbst bescheiden (*if I may*) als dritten zugesellt. (*Notes Towards the Definition of Culture*, p. 112) Er eignete sich eine so gründliche Kenntnis der Sprache an, daß er – wie Rilke – französische Gedichte schreiben konnte. Sein Sprachlehrer war Alain-Fournier, der Verfasser des bekannten Romans «Le Grand Meaulnes» (er wurde im September 1914 als vermißt gemeldet); auch er schätzte Laforgue und Baudelaire, obwohl, wie sein Roman vermuten läßt, in einer anderen, romantischeren Weise als Eliot.

Man weiß nichts von den Gesprächen, welche die beiden jungen Dichter miteinander führten (vgl. Howarth: «Notes», p. 153); es ist zwar anzunehmen, daß Eliot von ihnen beeindruckt wurde, aber in

Paris: die Sorbonne

seiner Dichtung wirkten sie sich nicht unmittelbar aus. Als er 1911 nach Harvard zurückkehrte, erschien er, wie Conrad Aiken berichtet, «merklich europäisiert», unter anderem dadurch, daß er – «a conspicuously un-American point» – darauf Wert legte, einen Spazierstock bei sich zu führen. Er diskutierte über die Art, was man und wie man schreiben sollte, und ob man sich vielleicht in Europa ansiedeln müßte, wobei für ihn damals noch England und London nicht in Frage kamen (vgl. «Festschrift», p. 21–22). Sein eigentliches Interesse galt jedoch der Philosophie; er bereitete eine Dissertation über den englischen Philosophen F. H. Bradley vor und beschäftigte sich mit Sanskrit und dem indischen Denken, das, wie er sagte, einen starken Einfluß auf ihn ausübte (*Notes Towards the Definition of Culture*, p. 113), und im Sommer 1914 ging er nach Marburg, dem Sitz des deutschen Neukantianismus, um seine Ausbildung abzurun-

Das Merton College in Oxford

den. Vom Krieg überrascht, wählte er sich das Merton College in Oxford als Aufenthalt, schloß seine Dissertation ab und schickte sie nach Harvard, wo man sie ohne Zögern als das «Werk eines Experten» annahm. (Howarth: «Notes», p. 214) Aber weder reiste er selbst dahin, um die mündliche Prüfung abzulegen, noch hat er seine Dissertation damals veröffentlicht – sie erschien erst 1964, auf Veranlassung seiner Frau, und ist somit sein letztes Buch –, sondern er gab die Philosophie auf und blieb in England. Zwar hielt es ihn nicht in Oxford; er war des akademischen Lebens überhaupt überdrüssig geworden und ließ sich in London nieder, wo er seinen Lebensunterhalt zunächst als Lehrer und dann bei Lloyd's Bank verdiente. Er soll ein guter Bankmensch gewesen sein: das Talent zum «business» lag, wie wir sahen, auch in der Familie, aber es war die Dichtung, die er nunmehr als seine eigentliche Aufgabe erkannt hatte. Wann ihm diese Erkenntnis kam, wissen wir nicht genau, doch ist es sehr wahrscheinlich, daß ihm Ezra Pound behilflich war, den ihm gemäßen Weg einzuschlagen.

Ezra Pound, 1885 in Hailey, Idaho, geboren, war 1908 nach England gekommen, um englische Dichter kennenzulernen und die englische Dichtung zu modernisieren. W. B. Yeats, der Ire, der damals meist in London lebte, war der einzige, den er eines ernsthaften Studiums für würdig erachtete; er hielt ihn für den größten lebenden Dichter, der jedoch seiner Hilfe bedurfte (Yeats war zwanzig Jahre älter), und er assoziierte sich mit ihm, fungierte als sein Sekretär, korrigierte seine Verse und lernte auch von ihm; denn Yeats war dabei, seinen Stil umzuprägen, klar konturierte Verse mit präzisen Bildern zu schreiben und eine «kalte Schönheit» (cold beauty) zu schaffen. Das kam Pounds eigenen Bestrebungen entgegen; er rief die Bewegung des «Imagismus» ins Leben, in der es, wie er in einem Brief an Amy Lowell vom 1. August 1914 definierte, auf «hard clear edges», auf «harte, klare Umrisse» ankam (vgl. «The Letters of Ezra Pound», 1907–1941, p. 78). Er war unermüdlich, nach dem Imagismus kreierte er den «Vortizismus», wo das Bild als der «Vortex» (= Wirbel) diente, «von dem, und durch den, und in den die Ideen beständig stürzen». («Fortnightly Review», 1. September 1914) Er war auch unermüdlich im Aufspüren von neuen Talenten, er half und förderte, wo er zu Unrecht verkannte Begabung witterte. In ihm war die Leidenschaft, das Unterdrückte zu beschirmen. Yeats erzählt, wie Pound in Rapallo streunende Katzen fütterte, und sieht darin eine Auswirkung des gleichen Charakterzugs. («A Vision», 1962, p. 5–6)

T. S. Eliot war Pounds größte Entdeckung. Wyndham Lewis, der maßgebend an der Schaffung des Vortizismus beteiligt war, erinnert sich, wie er Eliot in Pounds winzigem, dreieckigem Wohnzimmer in Kensington (5, Holland Place) kennenlernte: einen sympathischen, gut aussehenden jungen Mann, dessen transatlantische Herkunft offensichtlich war. Pound, wie gewöhnlich erschöpft im Lehnstuhl liegend (Wyndham Lewis hat ihn in dieser Stellung gemalt, das Porträt findet sich in der Tate Gallery), machte den Eindruck, als ob er ihn eben erst aus seinem Hut hervorgezaubert hätte, und warf ihm

Ezra Pound im Lehnstuhl. Gemälde von Wyndham Lewis. London, Tate Gallery

Stichworte zu, die der junge Protegé mit melodisch-brummender Stimme prompt beantwortete. («Festschrift», p. 25–26)

Die Daten der Begegnung lassen sich mit einiger Sicherheit feststellen. Pound erwähnt Eliot in einem Brief vom 30. September 1914, der an Harriet Monroe, die Herausgeberin der amerikanischen Zeitschrift «Poetry», gerichtet ist:

«Er hat das beste Gedicht vorgelegt, das ich bis jetzt von einem Amerikaner bekommen oder gesehen habe. GEBE GOTT, DASS ES KEIN EINZELNER ODER EINMALIGER TREFFER IST. Er hat es wieder mitgenommen, um es für die Publikation fertig zu machen, und Sie werden es in ein paar Tagen haben.

Er ist der einzige mir bekannte Amerikaner, der sich, wie ich sagen möchte, auf angemessene Weise für das Schreiben vorbereitet hat. Er hat sich tatsächlich geübt und sich modernisiert, und zwar ganz allein. Die meisten von den vielversprechenden Jungen haben entweder das eine oder das andere getan, aber niemals beides (die meisten dieser Schweine haben keines von beiden getan). Es ist mehr als angenehm, einen Mann kennenzulernen, dem man nicht zu sagen braucht, daß er sich das Gesicht waschen oder die Füße abtreten und an das Kalenderdatum (1914) denken soll.» («Letters», p. 80)

Das Gedicht, über das sich Pound in diesem Brief so lobend äußert, ist *The Love Song of J. Alfred Prufrock*. Eliot hatte es, sauber mit der Maschine abgetippt, Conrad Aiken anvertraut, der es unterbringen sollte, aber zunächst kein Glück hatte: es wurde als «absolutely insane» abgelehnt. Pound aber erkannte seinen Wert sofort und setzte sich mit gewohnter Leidenschaft dafür ein; als Harriet Monroe mit der Veröffentlichung zögerte, schrieb er entrüstet, ihre Einwände gegen Eliot seien «die Höhe». (Vgl. «Festschrift», p. 22; Pound: «Letters», p. 85; sowie Charles Norman: «Ezra Pound», 1960, p. 163 f.) *Prufrock* erschien denn auch 1915 in «Poetry»; als es 1917 zusammen mit einigen anderen Gedichten in London herauskam, war Eliots Ruf als Dichter gemacht, wenigstens bei den Kennern: Pound hatte ein Genie entdeckt, das sich bewährte. Eliot hat Pound sein ganzes Leben hindurch dankbar verehrt, obwohl er sehr verschieden von ihm war und vielleicht manchmal Schwierigkeiten hatte, ihm in jeder Hinsicht zu folgen. Eliot pflegte einen Stil unpersönlicher Zurückhaltung; Pound dagegen war nicht daran interessiert, seine Persönlichkeit auszulöschen: sein Hauptwerk, die «Cantos», sind manchmal so autobiographisch wie ein Tagebuch, und als Mensch ließ er jeden spüren, daß er der große Ezra Pound war. Er kleidete sich wie ein Bohemien, mit Samthosen, Samtjacke, Schlapphut und offenem Hemdkragen, er trug einen Bart und lange Haare, die einen mächtigen roten Busch abgaben, und er verbarg seine Güte und Hilfsbereitschaft unter Grobheit und Arroganz – von seinem Gesprächston vermittelt der Briefstil eine Ahnung. Seine Passion, Mißstände abzustellen, trieb ihn später dem italienischen Faschismus zu; er glaubte, im Geldwucher das Grundübel unserer Zeit erkannt zu haben und bei Mussolini das richtige Konzept zur Rettung der Welt zu finden. Deswegen sprach er während des letzten Krieges im italienischen Rundfunk, wobei er sich zu heftigen antisemitischen Ausfällen hinreißen ließ. 1945 nahmen ihn die amerikanischen Truppen gefangen; er wurde des Hochverrats angeklagt und dann als unzurechnungsfähig in eine Irrenanstalt überwiesen, aus der man ihn jedoch 1958 entließ, so daß er zu seinen Kindern und Enkeln nach Italien zurückkehren konnte.

Die Gegensätze sind so offensichtlich, daß wir nicht bei ihnen zu verweilen brauchen. Trotzdem bestehen Gemeinsamkeiten zwischen Eliot und Pound. Beide sind konservative Revolutionäre, zugleich traditionsverbunden und modern. Pounds Meister sind, mit Ausnahme von Robert Browning, den er als seinen geistigen Vater anerkennt («Letters», p. 294: «Und überhaupt ich stamm aus Browning. Pourquoi nier son père?»[1]), zumeist Dichter der Vergangenheit: die angelsächsischen Dichter, die provenzalischen Troubadours und frühen Italiener, besonders Arnaut Daniel und Guido Cavalcanti, Chinesen, Japaner und nicht zuletzt Griechen und Römer. Sie alle verstand er als lebendig-gegenwärtige Literatur und lehrte, sie so zu verstehen. Deswegen sagte Eliot, daß er mit Pound danach strebte, *vergessene Maßstäbe* (*forgotten standards*) zu bewahren, und nicht etwa neue Götzenbilder aufzurichten (*Use*, p. 71), und deswegen verglich er Pound mit Irving Babbitt. Zwar meinte er, daß sich beide über diesen Vergleich nicht gefreut hätten («Poetry», September 1946), aber er hat recht: als Pound 1945 von den amerikanischen Soldaten in einen Käfig gesperrt wurde, arbeitete er, unbekümmert um seine Umgebung, an seiner Übersetzung des Konfuzius, der für Babbitt einer der mustergültigen Humanisten war. Und ähnlich wie Babbitt, der die Notwendigkeit exakter Definition betonte, setzte sich Pound für die Reinheit der Sprache ein, damit sie ein Instrument des Denkens sein kann. («Literary Essays», ed. T. S. Eliot, 1954, p. 22.) Wenn Eliot im vierten Teil der *Four Quartets* beschreibt, wie ein *vertrauter, zusammengesetzter Geist* (*familiar compound ghost*) zu ihm trat und sagte, daß die Beschäftigung mit dem Sprechen sie dazu zwang, *die Rede des Volkes zu reinigen* (*to purify the dialect of the tribe*),

---

1 Das Zitat ist nicht übersetzt.

dann können wir sicher sein, daß Pound mit Babbitt zu denen gehört, deren vertraute Gestalten das komplexe Gebilde dieses Geistes ausmachen.

VOM PRUFROCK ZUM WASTE LAND

Wenn ich oben sagte, daß wir Eliots Selbst, den Kern seiner Persönlichkeit, in den Gedichten gegenwärtig haben, die er mit seiner eigenen Stimme zu uns spricht, so stellte ich damit eine These auf, die zwar nicht besonders revolutionär ist, aber zunächst eine bloße Behauptung bleibt. Der Beweis kann freilich nicht mit wenigen Sätzen, die ihrerseits nur Behauptung wären, erbracht werden, sondern muß sich aus der Untersuchung von Eliots Werk ergeben. Ich beginne sie damit, daß ich mich dem dichterischen Frühwerk zuwende.

Die Kritiker, die Eliots Produktion schon seit langem mit Aufmerksamkeit verfolgt haben, sind sich im allgemeinen einig, das Frühwerk mit den Erscheinungsdaten der beiden in der Kapitelüberschrift genannten Gedichten (1915 und 1922) zeitlich zu begrenzen. Sie finden in ihm eine einheitliche Grundstimmung, deren Thematik mit einem Zitat aus *Gerontion* (1920) als *the dry season* (die Zeit der Dürre) charakterisiert werden kann. Das bedeutendste Werk dieser Epoche ist nach allgemeinem Consensus *The Waste Land;* der *Prufrock – The Love Song of J. Alfred Prufrock* – bildet dazu ein mächtiges Präludium.

Mit ihm klingt ein gänzlich neuer Ton in der englischen Dichtung auf. Seine Neuartigkeit bestürzte, verwirrte, ärgerte; nur wenige – wie Ezra Pound – erkannten ihn sogleich als große Poesie, aber bald, das heißt in den zwanziger Jahren, vernahm ihn die Jugend mit Begeisterung. Nicht nur Eliot hatte seine Stimme gefunden: eine Generation begann zu fühlen, daß hier jemand für sie sprach. Führen wir uns die ersten drei Abschnitte dieses im Ganzen über 130 Zeilen langen Gedichtes vor Augen. Sie geben uns einen Eindruck von dem neuen und eigenartigen Klang dieser Stimme:

Let us go then, you and I,
When the evening is spread out against the sky
Like a patient etherized upon a table;
Let us go, through certain half-deserted streets,
The muttering retreats
Of restless nights in one-night cheap hotels
And sawdust restaurants with oyster-shells:
Streets that follow like a tedious argument

Of insidious intent
To lead you to an overwhelming question ...
Oh, do not ask, «What is it?»
Let us go and make our visit.

In the room the women come and go
Talking of Michelangelo.

The yellow fog that rubs its back upon the window-panes,
The yellow smoke that rubs its muzzle on the window-panes
Licked its tongue into the corners of the evening,
Lingered upon the pools that stand in drains,
Let fall upon its back the soot that falls from chimneys,
Slipped by the terrace, made a sudden leap,
And seeing that it was a soft October night,
Curled once about the house, and fell asleep.

Gehn wir also, du und ich,
Wenn der Abend ausgestreckt am Himmel liegt
Wie ein Patient im Ätherrausch auf einem Tisch;
Gehn wir durch gewisse halb-verlaßne Straßen,
Raunende Schlupfwinkel
Ruheloser Nächte in Hotels für eine Nacht,
Sägemehlbestreuter Restaurants mit Austernschalen:
Straßen wie ein schleppendes Gespräch,
Das sich tückisch immer weiter windet,
Auf eine Frage zielt, die überwältigt ...
Ach, frage nicht: «Worauf denn?»
Gehn wir, machen wir Besuch.

Im Zimmer gehn die Frauen hin und her
Und reden über Michelangelo.

Der gelbe Nebel, der den Rücken an den Fensterscheiben reibt,
Der gelbe Rauch, der seine Schnauze an den Fensterscheiben reibt,
Leckte mit der Zunge in die Ecken des Abends,
Hing über den Pfützen in Abflußrinnen,
Ließ auf seinen Rücken den Ruß fallen, der aus den Schornsteinen
fällt,
Kroch die Terrasse lang, sprang plötzlich hoch, und,
Die Milde des Oktoberabends spürend,
Ringelte sich um das Haus und fiel in Schlaf.

(p. 11)

Es sind verschiedene Qualitäten, durch die sich diese Verse auszeichnen. Vielleicht fällt als erstes die Atmosphäre der Großstadt auf. Der kranke Abend, der hilflos wie ein Mensch leidet, die billigen Hotels und Restaurants, die einförmigen endlosen Straßen: das alles sieht, schmeckt und riecht man, es ist da, mit wenig Strichen hingesetzt. Eliot hat, an Baudelaire und Laforgue geschult, die Großstadt zu sehen gelernt und hat sie zu sehen gelehrt. Man denkt, ohne daß der Name fällt, an London, dessen graue und riesenhafte Häßlichkeit etwas anzudeuten und zu verbergen, etwas zu wollen scheint, das den, der diese Häuserflut durchstreift, betroffen macht, ihm eine Frage aufdrängt, aber keine Antwort gibt, weil nicht einmal die Frage sich formulieren läßt. Wer sich den *Prufrock* geistig angeeignet hat, kann nicht umhin, London und jede ähnliche Stadt mit Eliot zu sehen.

Wenn wir auf das Technische der Dichtung, auf die Methode der Darbietung achten, dann bemerken wir die raschen Übergänge von Bild zu Bild: von den Straßen zum Salon, in dem die schöngeistigen Frauen von Kultur reden, und vom Salon zum Nebel, der das Haus umgibt und durch die Fenster sichtbar ist. Und weiter bemerken wir, bewußt vielleicht als letztes, obwohl es unmittelbar in uns eindringt, das subtile Spiel des Rhythmus, in dem das Gedicht eigentlich lebt. Man ist versucht, zu sagen, daß sich die Versrhythmen dem Gang der Gedanken und Bilder anschmiegen, was aber nicht ganz zutrifft: in Wahrheit ist es der Rhythmus; der Gedanken und Bilder dasein läßt.

Deutlich sind die drei Abschnitte gegeneinander kontrastiert. Das Gedicht setzt mit einem Entschluß ein (*Let us go, then*), der sich in einer steigenden, vorwärtsdrängenden Bewegung manifestiert, die mit dem fahlen Klang des vom Äther betäubten Abends gehemmt wird, um sich in eine leere Unendlichkeit zu verlieren. Ein neuer Entschluß nimmt die Worte und das Tempo des Anfangs auf und rückt ein konkretes Ziel vor Augen, das jedoch banal und alltäglich ist. Seine Gleichgültigkeit unterstreicht der harte und leicht komische Reim (*is it – visit*).

Die kunstbegeisterten Damen erhalten nur zwei Zeilen, denen eine kreisende Bewegung innewohnt: das endlose, mechanische Rotieren des Bildungsgeredes. Dabei hängt der volltönende Name *Michelangelo* in fataler Weise von dem Reimwort *go* ab; er ist nur um des Reimes willen gewählt und verliert dadurch an Wert. Der Gesprächsgegenstand wirkt so als x-beliebig, die Damen könnten sich auch über einen anderen Künstler unterhalten und würden wahrscheinlich in etwa dasselbe sagen. (Als Eliot en vogue war, hat man daher witzig parodiert: «Into the room the women trot Talking of Mr. Eliot.»)

Während die Bewegung des ersten Abschnitts nach vorwärts

drängt und sich dann gewaltsam ein Ziel setzt, nach dem sie eigentlich nicht sucht, läuft die des dritten nach anfänglichem Zögern auf einen Ruhepunkt zu. Der Rhythmus des Natürlichen – soweit man Großstadtnebel und -rauch natürlich nennen kann – unterscheidet sich von dem der Menschen. Er fließt gelassen und mühelos, macht nur einmal einen kleinen Hüpfer, in dem sich nur selbstgenügsame Zufriedenheit ausdrückt, um sich dann sachte zur Ruhe zu legen. Die Verse gehen fast unmerklich in jambischen Rhythmus über; die letzten drei Zeilen sind reine, klassische jambische Pentameter. Der Betrachter empfindet diese Bewegung nicht als von mechanischen Gesetzen diktiert, sondern als das freie Handeln eines lebendigen Wesens: unausdrücklich, aber auch unmißverständlich, ersteht das Bild einer alten Katze, die einen Abendspaziergang unternimmt, bevor sie ihr Nachtlager aufsucht. In der einfühlsam verlebendigenden Beschreibung klingt das Verlangen mit, sich dem Animalisch-Natürlichen anzugleichen, und zugleich das Bewußtsein, daß der Mensch seinen Ort nicht kennt, obwohl er ihn kennen müßte.

So schaffen die ersten drei Abschnitte eine Spannung, die in einem Streben auf et-

Eliot in London

London

was hin, im mutlosen Verharren und schlaffen Zurücksinken besteht. Diese Spannung zieht sich durch das ganze Gedicht, ohne aufgelöst zu werden. Prufrock macht immer wieder den Ansatz, auf ein Ziel loszugehen, verhält ausweichend, weil er es aus dem Blick verliert, und sinkt kraftlos wie Rauch und Nebel in sich zusammen.

Wer ist Prufrock, der dieses Liebeslied singt? Sein Name gibt zur Spekulation Anlaß. Es ist kein Allerweltsname wie Jones und Smith, klingt aber auch nicht wie einer, dessen Träger zu Großem ausersehen ist. Er könnte in einem Roman von Dickens vorkommen, er macht den Eindruck des Absonderlichen, Kauzigen. Sollte es ein redender Name sein? Er läßt sich in seine Bestandteile zerlegen; *Pruf*, das mit langem u ausgesprochen wird, ist phonetisch gleich mit «proof» (= Beweis); *rock* läßt an den «Felsen» denken. Ist «Prufrock» der Felsen, an dem sich die Gültigkeit von etwas erweist? Ist er verwandt mit Touchstone (Probstein), dem witzig-weisen Narren aus Shakespeares «Wie es euch gefällt»? Aber der Name Touchstone redet eindeutig; Prufrock dagegen ließe sich auch noch anders auslegen, denn «rock» heißt als Verbum soviel wie «schaukeln». Damit wäre der Sinn von etwas durchaus nicht Felsenhaftem gegeben. Sollte man, darf man das Spiel mit den Bedeutungen noch weiter treiben und die beiden Silben umdrehen? Dann entstünde «rock-proof», in Analogie zu «water proof», sicher gegen Felsen – oder auch sicher gegen das Schaukeln? Der Name redet anscheinend gerade dadurch, daß er keine eindeutige Sprache redet; seine mehrdeutige Widersprüchlichkeit weist auf das Unheldische des Titelhelden hin. Prufrock ist kein Durchschnittsmensch und doch nicht überdurchschnittlich; er ist ein Besonderer, von den anderen Menschen Abgesonderter, und doch «nichts Besonderes». Er spielt seine Rolle in der Gesellschaft so wie alle anderen, nimmt an «tea parties» und Salongesprächen teil und kleidet sich mit unauffälliger Eleganz:

My morning coat, my collar mounting firmly to the chin,
My necktie rich and modest, but asserted by a simple pin –

Mein Cut, mein Kragen, fest zum Kinn aufsteigend,
Mein Schlips, gewählt und bescheiden, von einer schlichten
Nadel festgehalten –

aber er fühlt sich beobachtet, kommt sich lächerlich vor:

(They will say: «But how his arms and legs are thin!»)

(Und man sagt: «Wie dünn seine Arme und Beine sind!»)
(p. 12)

Die Schale entspricht seinem Innern nicht; er fühlt sich deplaciert in der Gesellschaft; aber er wagt nicht auszubrechen:

Do I dare
Disturb the universe?

Soll ich's wagen
Den Gang des Weltalls zu stören?

(p. 12)

Das Gefühl seines Andersseins drängt ihn, eine große Frage zu stellen, das Weltall, zu einem Ball zusammengerollt, auf eine überwältigende Frage hinzurollen. Aber er tut es nicht, weil er die verständnislose Geste und die verständnislose Antwort seiner Gesprächspartnerin antizipiert. Sie würde ein Kissen hinter dem Kopf zurechtrücken und entgegnen:

> *«That is not what I meant at all.*
> *That is not it, at all.»*
>
> (p. 14)

Dieses hoffnungslose Pendeln (Schaukeln!) zwischen Wollen und Vollbringen, oder, noch genauer, zwischen Wollen und Nicht-Wagen, das zu keinem Ergebnis und Ziel führt, stellt sich einmal im Auf- und Abschwellen des Rhythmus dar, im Wechsel von kurzen und langen Zeilen, und zum anderen in der Wiederholung bestimmter Sätze, Wortgruppen und Wörter. *In the room the women come and go* etc. wird unverändert wiederholt; *That is not what I meant* etc. leicht variiert; *Do I dare* zieht sich durch Prufrocks Meditationen, um sich dann in das sinnverwandte, zweimal erklingende *how should I presume* zu verwandeln. Drei aufeinanderfolgende Abschnitte enthalten ein müdes *I have known* in der jeweils ersten Zeile; zwei andere setzen mit einem zweifelnden *And would it have been worth it, after all* ein. Die Wiederholungen geben einerseits etwas Statisches, indem sie zeigen, daß Prufrock nicht weiterkommt, andererseits wirken sie dynamisch, da sie zu immer neuem Grübeln antreiben.

Nur zweimal bricht Prufrock aus seinem circulos vitiosus aus, am nachdrücklichsten, wenn er kurz vor dem Schluß abrupt sagt:

> *I have heard the mermaids singing, each to each.*
>
> Ich habe gehört, wie die Meernixen einander zusangen:

Aber er schränkt diese überraschende Behauptung sogleich ein:

> *I do not think they will sing to me.*
>
> Ich glaube nicht, daß sie mir zusingen werden.
>
> (p. 15)

Prufrock versteht sich als einen unbedeutenden Menschen und will nichts anderes sein:

> *No! I am not Prince Hamlet, nor was meant to be;*
> *I am an attendant lord ...*

Nein! Ich bin nicht Prinz Hamlet, und auch nicht dazu
bestimmt;
Ich bin nur ein «erster Lord» . . .

(p. 15)

Er weist sich eine Nebenrolle im Spiel der Gesellschaft zu: nützlich bei Gelegenheit, unterwürfig, ein wenig dumm, zuweilen sogar der Narr – aber wenn er so emphatisch betont, daß er nicht Hamlet ist, verrät er doch, daß er die Identifikation für möglich hält. Vielleicht ist er zum Helden bestimmt und weicht seinem Schicksal nur aus? Darin würde er sich freilich von Hamlet unterscheiden, der dem winkenden Geist mit den Worten folgt:

My fate cries out
And makes each petty artery in this body
As hardy as the Nemean lion's nerve.

[Mein Schicksal ruft
Und macht die kleinste Ader dieses Leibes
So fest als Sehnen des Nemeer Löwen.]

(I, 4; übers. von A. W. v. Schlegel)

Aber es besteht eine Gemeinsamkeit. Hamlet fühlt, daß die Welt aus den Fugen ist und daß er sie wieder einrichten muß. Er verflucht diese seine Aufgabe («O cursed spite»; I, 5) – und löst sie nicht, er vermag nicht einmal, planvoll zu handeln. Fühlt nicht auch Prufrock, daß er das Weltganze mit seiner Frage bewegen müßte? Und ist er damit nicht doch ein moderner Hamlet, ein Hamlet der Salons, inmitten von Porzellan, Marmelade und Tee, der über moderne Romane plaudert – so wie Hamlet über die Schauspielkunst? Der das erlösende Wort nicht findet – wiederum so wie Hamlet, der sich vorwirft, daß er «nichts sagen kann»? (Vgl. den Monolog zum Schluß des zweiten Aktes.)

Der Dichter Louis MacNeice (1907–64), der *Prufrock* als Schüler las, erzählt, daß er und seine Klassenkameraden zunächst, in «glattem Widerspruch zum Text», Prufrock mit Hamlet, und dann sich selbst mit Prufrock gleichsetzten und mit Genuß ihren «Weltschmerz» in das Gedicht hineinlasen, das sie mit monoton-dröhnenden Stimmen vorzutragen pflegten. Sie faßten Eliot romantisch auf – zwar erschien ihnen Shelleys Begeisterung (enthusiasm) im industrialisierten und kommerzialisierten 20. Jahrhundert naiv, sie verlangten nach «Realismus», aber: «Wir wollten im Schatten des Gaswerks Hamlet spielen.» («Festschrift», p. 147 f)

MacNeice betrachtet die Art, wie er sich als junger Mensch Eliot aneignete, mit wohlwollender Ironie und sieht in ihr eine Fehldeutung, die ein typisch pubertärer Lebensüberdruß verursachte. Aber wenn er und seine Freunde im *Prufrock* romantischen «Weltschmerz» (er gebraucht das deutsche Wort, das im Englischen eingebürgert ist) vernahmen, so hörten sie nicht ganz falsch. Denn Prufrocks «ennui» entstammt der Romantik – wenn man ihn nicht gar eben aus dem «Hamlet» herleiten will, der für viele Romantiker nicht zufällig das interessanteste von Shakespeares Dramen war, in dem sie sich selbst fanden. Der erste große Dichter des «ennui» ist Lord Byron (vgl. z. B. «Don Juan»; XV, 1, 2); er hat ihn zum Thema gemacht und vorgelebt; andere, wie Baudelaire, Büchner, Lenau, sind ihm gefolgt. Es geht dabei um mehr als ein bloßes Gelangweiltsein von der Gesellschaft und ihren Konventionen: die Welt erscheint wie ein abgelaufenes Uhrwerk, alle Möglichkeiten sind erschöpft; es hat keinen Zweck, zu handeln, weil alles Handeln in eine bodenlose Leere führt. Dieses Gefühl der Sinnlosigkeit ist typisch für das 19. Jahrhundert – allerdings nur für einen Teil von ihm. Auf der anderen Seite glaubte man an den Fortschritt und an das Kommen einer besseren, sogar einer guten und vollkommenen Welt. Dieser Glaube, dem auch Shelley auf seine Weise anhing, steht in scheinbar kontradiktorischem Gegensatz zu Byrons «ennui». Der schärfste Diagnostiker des Jahrhunderts, Friedrich Nietzsche, sah jedoch im Drang nach vorwärts eine maskierte Sehnsucht nach dem Untergang: «Unsere ganze europäische Kultur bewegt sich seit langem schon mit einer Tortur der Spannung, die von Jahrzehnt zu Jahrzehnt wächst, wie auf eine Katastrophe los: unruhig, gewaltsam, überstürzt: einem Strom ähnlich, der ans Ende will, der sich nicht mehr besinnt, der Furcht davor hat, sich zu besinnen.» («Der Wille zur Macht», Vorrede)

Lord Byron

Im *Prufrock* verbindet Eliot Hamlet und Byron mit Nietzsches

Diagnose. Das Ende nämlich ist hier schon erreicht; das Leben hat schon aufgehört, auch wenn es die meisten Menschen noch nicht gemerkt haben. Daß er selbst sein Gedicht so versteht und so verstanden haben will, ergibt sich aus den Versen, die er ihm als Motto voranstellt. Sie sind dem Danteschen «Inferno» entnommen und lauten in deutscher Übersetzung:

Wenn ich nicht wüßte: jede Wiederkehr
Zur Welt ist dir verwehrt – aus meinem Munde
Spräch sonst die Flammenzunge nimmermehr.

Doch weil noch nie ein Fuß dem düstren Schlunde
Entrann – das weiß ich wohl – hält Furcht und Schmach
Mich auch nicht ab, daß ich dir frei bekunde....
(XXVII, vv. 61–66; übersetzt von R. Zoozmann)

Guido von Montefeltro, der, in eine Flammenkugel eingeschlossen, diese Worte spricht, erzählt, daß er zur Strafe für einen heimtückischen Rat in die Hölle verbannt wurde. Aber nicht deswegen werden sie zitiert. Was Eliot mit ihnen sagt, ist offenbar nur dies eine, daß die moderne Welt dem «Inferno» Dantes gleicht: sie ist ein absoluter Endzustand, aus dem es kein Zurück gibt; ein ewiger Tod, in dem das Leben nur zu leben scheint. Wenn in ihm Prufrock ein «Liebeslied» anstimmt, dann findet er weder Gehör, noch wäre er selbst in der Lage, Liebe zu schenken.

Damit ist das Hauptthema von Eliots früher Dichtung angeschlagen. Das moderne Leben ist Tod:

This is the dead land
This is the cactus land...

Dies ist das tote Land
Dies ist das Kaktusland...

(p. 88)

So heißt es in *The Hollow Men* (1925), wo Eliot den Pessimismus seiner frühen Epoche am schärfsten ausspricht. Aber hier gibt er auch schon das Ahnen einer Hoffnung, die Tore seiner Hölle beginnen sich zu öffnen, die hohlen Menschen des toten Landes heben ihre hohlen Köpfe zum christlichen Himmel... Ein Wandel deutet sich an, von dem dann in *Ash-Wednesday* [*Aschermittwoch*] (1930) die Rede ist.

Vorher durchforschte Eliot die verschiedenen Winkel des modernen

«Inferno», das er dann im *Waste Land* zusammenfassend darstellte. Wir können ihm dabei nicht überallhin folgen, sondern begnügen uns damit, einige Punkte zu betrachten, die den Weg vom *Prufrock* bis zu diesem Werk, das R. G. Collingwood als das größte englische Gedicht des Jahrhunderts bezeichnete, markieren. («The Principles of Art», 1938, p. 295)

Friedrich Nietzsche

Portrait of a Lady ist ein Seitenstück zu *Prufrock*, dem es unmittelbar folgt. Der Titel ist Henry James' gleichnamigem Roman entliehen, aber Eliots Lady ist keine Heldin, die ins Leben hinaustritt, scheitert und dann in tragischer Resignation ihr Schicksal auf sich nimmt (was in etwa der Sinn des James'schen Buches ist), sondern hat sich immer verborgen gehalten – in der vagen Hoffnung auf den Mann, der wie ein Märchenprinz kommen und sie erlösen könnte. Aber sie hat nur Freunde, mit denen sie beim Tee über Kunst und das Leben plaudert. Das Gedicht beschreibt sie in drei Situationen, die sich mit dem Wechsel der Jahreszeiten – Dezember, Frühsommer, Oktober – leicht an der Oberfläche verändern, aber im wesentlichen gleichen. Die Dame spricht; ein junger Mann, der als «Ich» erzählt, hört schweigend zu, lächelt und läßt sich umwerben. Zum Schluß heißt es, daß er ins Ausland gehen wird; sie bittet ihn, ihr zu schreiben, aber ohne viel Hoffnung; sie weiß, daß sich für sie nichts mehr ereignet:

I shall sit here, serving tea to friends.

Ich werde hier sitzen und meinen Freunden Tee einschenken.
(p. 18, 20)

Diese Zeile wird, mit einer an *Prufrock* erinnernden Technik, wiederholt, ebenso die, deren resoluter Schwung das monotone Reden unterbricht:

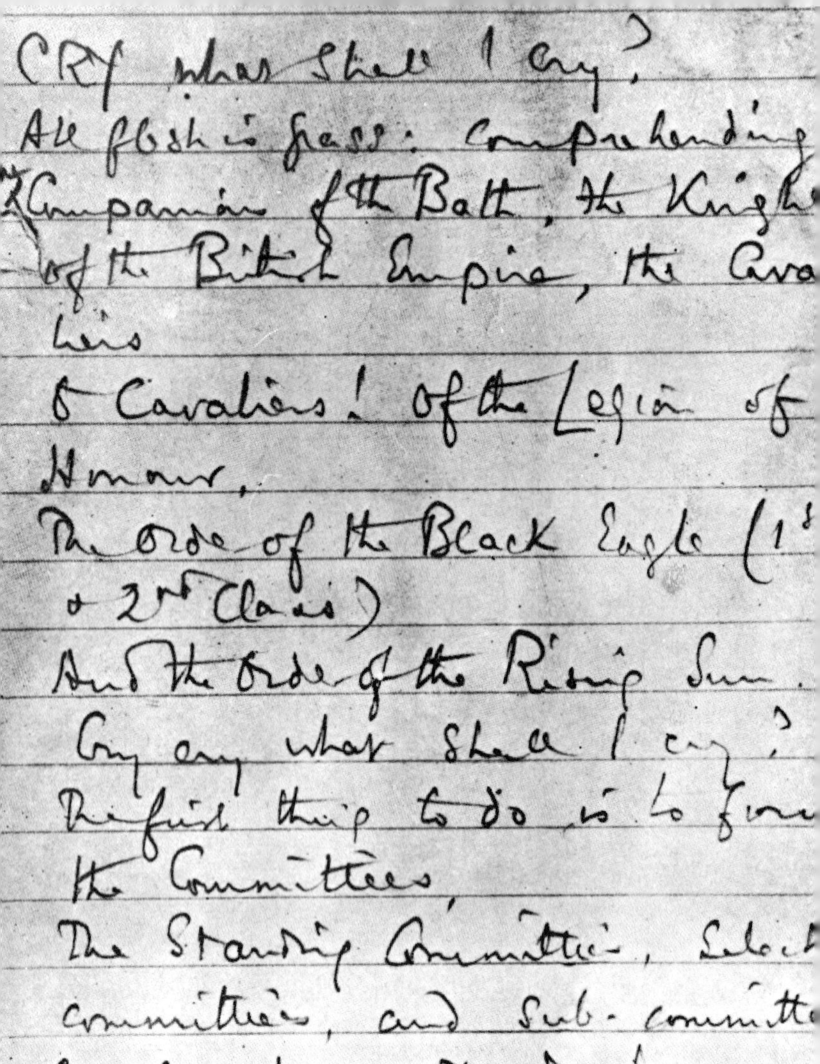

CRY what shall I cry?
All flesh is grass: comprehending
Companions of the Bath, the Knights
of the British Empire, the Cava
liers
O Cavaliers! of the Legion of
Honour,
The Order of the Black Eagle (1st
& 2nd Class)
And the Order of the Rising Sun.
Cry cry what shall I cry?
The first thing to do is to form
the Committees,
The Standing Committees, Select
committees, and sub-committe
One Secretary will do for
several Committees –

Aus dem Manuskript «Difficulties of a Statesman»

Let us take the air in a tobacco trance . . .

Gehn wir spazieren, vom Tabak benebelt . . .
(p. 17, 20)

Drei Großstadtgedichte – *Preludes, Rhapsody on a Windy Night, Morning at the Window* – geben Variationen zum Grundthema der leeren Vergeblichkeit. Sie enthalten scharfgezeichnete Bilder, wie sie Ezra Pound in seiner imagistischen Epoche forderte:

«*Regard that woman*
Who hesitates toward you in the light of the door
Which opens on her like a grin . . .»

«Sieh diese Frau an,
Die dir im Licht der Türe entgegenzögert,
Die hinter ihr wie ein Grinsen offensteht . . .»
(p. 24)

Sie stehen außerdem unmißverständlich und ohne Zweifel bewußt in der Tradition Baudelaires und Laforgues, aber die harten imagistischen Kanten lassen nichts von dem Pathos aufkommen, mit dem Baudelaire sogar noch die verfallende Schäbigkeit zum Heroischen steigert:

Ruines! ma famille! ô cerveaux congénères!
Je vous fais chaque soir un solenel adieu!
Où serez-vous demain, Eves octogénaires,
Sur qui pèse la griffe effroyable de Dieu?

[Ruinen! meine Familie! O gleichgestimmte Hirne!
Ich entbiete euch jeden Abend ein feierliches Lebewohl!
Wo werdet ihr morgen sein, Evas von achtzig Jahren,
Auf denen die schreckliche Klaue Gottes lastet?]
(«Les Fleurs du mal, XCI: Les Petites Vieilles»)

In Eliots toter Stadt gibt es auch keine Spur brüderlicher Liebe, überhaupt keine Gefühle, nur den Ausbruch in die Hysterie:

Midnight shakes the memory
As a madman shakes a dead geranium.

Mitternacht schüttelt das Erinnern,
Wie ein Verrückter eine tote Geranie schüttelt.
(Beide Eliot-Zitate aus *Rhapsody*)

Damit löst sich auch die Form auf. Die Gedichte werden zu einer Folge von Bildfetzen, Satzfragmenten, die manchmal nur aus einem Wort bestehen; der Rhythmus, der *Prufrock* seine Dynamik gibt, verflüchtigt sich, die Verse sind oft kaum noch zu erkennen. In *Hysteria* – der Titel ist symptomatisch – sind die Zeilen auch im Druckbild nicht mehr als Verse angeordnet; es ist ein «Gedicht in Prosa» – eigentlich nur eine Skizze, die eine momentane Stimmung einzufangen sucht.

Offensichtlich sah Ezra Pound, der seinen Schüler besorgt überwachte, in dieser Tendenz die Gefahr der Formlosigkeit. Im *Criterion* 1932 schreibt er, auf die Zeit um 1920 zurückblickend, daß er und Eliot sich entschlossen, etwas gegen die Verwässerung (dilution) des «vers libre» zu unternehmen. Eine allgemeine Nachlässigkeit (general floppiness) hatte eingesetzt, für die als Heilmittel die Lektüre von Gautiers «Émaux et Camées» verordnet wurde: «Rhyme and regular strophes» (Reim und regelmäßige Strophen). Pound sagt nicht, daß Eliot – oder er selbst – sich der Nachlässigkeit schuldig gemacht hätte, wohl aber deutet er an, daß Eliot die Medizin nahm und von ihr profitierte, denn er weist auf ihr Ergebnis in Eliots zweitem Band hin, und daß im ersten, der den *Prufrock* und die anderen frühen Gedichte enthielt, noch nichts davon zu spüren ist. (Vgl. hierzu Charles Norman: «Ezra Pound», p. 213.)

In diesem zweiten, 1920 publizierten Band finden wir sieben am Vorbild Gautiers orientierte Gedichte. Die ersten drei Strophen von *Burbank with a Baedeker: Bleistein with a Cigar* seien als Beispiel gegeben:

Burbank crossed a little bridge
Descending at at small hotel;
Princess Volupine arrived,
They were together, and he fell.

Defunctive music under sea
Passed seaward with the passing bell
Slowly: the God Hercules
Had left him, that had loved him well.

The horses, under the axletree
Beat up the dawn from Istria

With even feet. Her shuttered barge
Burned on the water all the day.

Burbank überschritt die Brücke,
Stieg ab in einem kleinen Hotel,
Prinzessin Volupine kam an,
Sie waren zusammen, und er fiel.

Ersterbende Musik unter dem Meer
Schwand seewärts mit dem schwindenden Glockenton
Langsam; der Gott Herkules
Verließ ihn, der ihn gerne mochte.

Die Pferde, an der Deichsel angeschirrt,
Rüttelten die Morgendämmerung von Istrien her wach
Mit stetem Hufschlag. Ihre geschlossene Barke
Brannte den ganzen Tag lang auf dem Meer.

(p. 40)

Eliot behandelt das Metrum Gautiers mit Geschick; die Verse fließen, aber sie fließen zu glatt; es fehlt ihnen das Leben, das dann entsteht, wenn ein Dichter seine eigene Stimme, seinen individuellen Rhythmus, einem überlieferten metrischen Schema anpaßt und zugleich mit ihm in einen harmonischen Widerstreit tritt. Eliot versucht etwas von diesem Leben zu erwecken, indem er in der vierten Zeile der ersten Strophe eine scharfe Zäsur setzt und die zweite und dritte Zeile der zweiten Strophe durch Enjambment verbindet. Aber seine Gautier-Strophen wirken im allgemeinen wie Stilübungen. Trotzdem verdienen sie Beachtung. In ihnen zeigt sich etwas, das im *Prufrock* angelegt war und sich im *Waste Land* voll ausprägt.

Um den *Prufrock* zu verstehen, bedarf es der literarischen Bildung: man muß den «Hamlet» gelesen haben und Dantes «Inferno» so gut kennen, daß man das als Motto vorangestellte Zitat sogleich zu identifizieren versteht (Eliot zitiert ohne jede Quellenangabe). Dem *Burbank* fügt er ein aus verschiedenen Texten komponiertes Motto bei (aus Gautier, Henry James, Shakespeare usw., für Einzelheiten vgl. George Williamson: «A Reader's Guide to T. S. Eliot», 1955, p. 99), das nur ein Hochgebildeter erfassen kann, das aber jeder Leser des Gedichts zu entwirren in der Lage sein müßte. Denn in ihm soll knapp die Atmosphäre Venedigs evoziert werden, so wie sie von verschiedenen Dichtern dargestellt und, bis zu einem gewissen Grade, geschaffen worden ist, und zu der Eliot hier, als der vorläufig letzte in einer langen Reihe, seinen Beitrag gibt.

Damit erschöpfen sich die Ansprüche an unsere Bildung noch nicht. Beim Lesen der ersten drei Strophen müssen wir Shakespeares «Antonius und Cleopatra» assoziieren. Eliot hilft unserem Gedächtnis nach, indem er *defunctive* gebraucht, ein Wort, das die gängigen Lexika nicht geben: erst wenn wir im «Shorter Oxford Dictionary» nachschlagen, entdecken wir, daß es in Shakespeares «Phönix und Turtel» vorkommt. Das Zitat des veralteten und ungebräuchlichen Worts bereitet uns – so, wie es scheint, kalkuliert Eliot – darauf vor, daß im folgenden eine Szene aus «Antonius und Cleopatra» «zitiert» wird. Es ist – nach der üblichen Zählung – die dritte des vierten Aktes. Hier hören Soldaten des Antonius, die nachts auf der Wache stehen, eine geheimnisvolle Musik von Oboen, die, wie die Bühnenanweisung vorschreibt, unter der Bühne ertönt, deren Herkunft sie jedoch nicht ermitteln: kommt sie aus der Luft? Oder aus der Erde? Ein Soldat vermutet in ihr ein gutes Vorzeichen, aber ein anderer entgegnet:

'Tis the god Hercules, whom Antony lov'd,
Now leaves him.

[Es ist Gott Herkules, den Antonius liebte,
Und der ihn jetzt verläßt.]

Ebenso erinnert die Barke der Prinzessin, die den ganzen Tag auf dem Wasser b r a n n t e, an die Barke der Cleopatra, die Enobarbus beschreibt:

The barge she sat in, like a burnish'd throne,
Burnt on the water...

[Die Barke, wo sie saß, einem Thron gleich funkelnd,
Brannte auf dem Wasser...]

(II, 2, 199 f)

In dieser Barke sah Antonius Cleopatra zum erstenmal, er «fiel» und sein Schicksal begann: er verspielte die Welt in dionysischer Lust.

Burbank ist kein römischer Heros, sondern ein Tourist, der mit dem Baedeker reist; die Prinzessin entstammt anscheinend dem verarmten, und vielleicht nicht einmal dem ganz echten Adel: sie ist keine Cleopatra. Zwar läßt ihr Name auf Sinnlichkeit schließen, aber ihre Hand verrät, daß sie an Schwindsucht leidet – *A meagre, blue-nailed, phthisic hand.*

Die Methode des Zitierens und Anspielens, die sich im *Prufrock* andeutete und hier voll ausbildet, schafft geschichtliche Perspektiven und Kontraste, die das Moderne abwerten. Banalität und Krankheit wirken als spezifisch modern, das blutvolle, kräftige Leben scheint einer römischen oder elisabethanisch-shakespeareschen Vergangenheit anzugehören. Auch Sweeney, mit dem Eliot so etwas wie eine mythische Figur zu geben sucht, wird in Beziehung zur heroischen Vergangenheit gesetzt. Sweeney ist der «typische» amerikanische Europa-Reisende, der, geistlos und von brutaler, steriler Sinnlichkeit besessen, seine Zeit in Kaschemmen und Bordells verbringt. In *Sweeney Among the Nightingales* ruft ein griechisches Zitat Anklänge an die antike Tragödie hervor, die letzte Strophe nennt den Namen Agamemnons, so daß Sweeney, der in einem nahe am Montmartre gelegenen Bordell eingeschlafen ist, in eine nicht ganz leicht durchschaubare Relation zum Agamemnon des Aischylos tritt.[1] *Sweeney Erect* ist mit einem Zitat aus der «Maid's Tragedy» von Beaumont und Fletcher überschrieben und beschwört Erinnerungen an Ovid und Homer (*Nausicaa and Polypheme*); der Gedichttitel weist auf Sweeneys Verwandtschaft mit den Menschenaffen hin (erect, lat. erectus bedeutet den aufrechten Gang) – im Text heißen seine Gesten die eines Orang-Utans. Im Einklang damit erhält Sweeney den «Vornamen» Apeneck (= Affenhals).

Es steht zu befürchten, daß nur wenige Leser die Bildung präsent haben, die man zum Erfassen all dieser Bezüge braucht. Das muß auch Eliot klar gewesen sein, aber mit dem *Waste Land* stellte er noch weit größere Ansprüche. Den Titel des Gedichtes und manche der darin verwendeten Symbole entnahm er dem Buch «From Ritual to Romance» (1920) von Jessie Weston: einem spezialistischen Buche, das sich, wie man sagt, «in erster Linie an Fachgelehrte wendet», da es die vieldiskutierte Frage nach der Herkunft der Gralssage, wie wir sie bei Chrétien de Troyes, Wolfram von Eschenbach und anderen mittelalterlichen Romanciers finden, zu lösen unternimmt. (Inzwischen freilich hat es als Eliots «Quelle» einen Ruhm und eine Verbreitung erlangt, die mit seinem wissenschaftlichen Wert nichts zu tun hat.) Neben Jessie Weston konsultierte Eliot Sir James Frazer, der in seinem riesigen Werk «The Golden Bough» die gesamte Mythologie einer vergleichenden Betrachtung unterzieht, insbesondere ließ er sich von den beiden Bänden über Adonis, Attis und Osiris anregen. Und endlich zitierte er Texte in deutsch, französisch, italienisch, lateinisch, Sanskrit und – wenn man das Motto mit zum Gedicht rechnet – griechisch.

Die ersten beiden Drucke des *Waste Land* gaben dem Publikum keinerlei Hilfe zum Verständnis; erst dem dritten fügte Eliot die Anmerkungen bei, die heute in keiner Ausgabe fehlen und von man-

1 Eliots Motto ὤμοι, πέπληγμαι καιρίαν πληγὴν ἔσω ὤμοι, ist eine Umbildung von Aischylos: «Agamemnon», v. 1343: πέπληγμαι καιρίαν πλευρῶν ἔσω.

chen vielleicht eifriger studiert werden als das Gedicht selbst. Eliot erläuterte sich jedoch nicht in der Absicht, dem Leser das Verständnis zu erleichtern, sondern wollte, wie er jedenfalls behauptet, denjenigen seiner Kritiker den Wind aus den Segeln nehmen, die ihn des Plagiats bezichtigten. (*Poetry*, p. 109 f) Wenn er sich selbst dazu bekannte, fremdes Material benutzt zu haben, konnte man ihm keine Vorwürfe machen! Noch viel weniger wollte er durch Gelehrsamkeit vom dichterischen Text ablenken, sondern meinte, daß er seine Wirkung auch unerläutert tun müsse. F. O. Matthiessen, der eines der besten Bücher über Eliot geschrieben hat, ist der gleichen Ansicht: «... man fängt an, Eliot zu verstehen, genau so, wie man jeden anderen Dichter zu verstehen anfängt: dadurch, daß man auf die Verse hinhört, daß man ihr Gefüge als ein in sich ruhendes Ganzes betrachtet, daß man auf das hört, was mitgeteilt wird, und nicht nach etwas Ausschau hält, das nicht mitgeteilt wird.» («The Achievement of T. S. Eliot», 1958, p. 46) Das sind Worte, die Beachtung verdienen und jeder literarischen Untersuchung vorangestellt werden sollten. Viele Kritiker und Literaturwissenschaftler unterschieben einem Text Intentionen, die sie ihrem Wissen um und über den Autor verdanken, manchmal auch dem Autor selbst, der sich keineswegs immer richtig versteht und auslegt, und gelegentlich auch absichtlich in die Irre führt. Da aber nun Eliot dem *Waste Land* seine *Notes* beigegeben hat, tut der Interpret gut daran, sie zu benutzen – allerdings stets von der kritischen Frage ausgehend, ob sie das Werk erhellen und welches Licht sie darauf werfen.

Beginnen wir mit einem Resümee des Buches «From Ritual to Romance». Jessie Weston konstruiert einen Archetypus, der, wie sie meint, allen Fassungen der Gralssage zugrunde liegt: Ein junger Held gelangt auf eine Burg, deren Herr an schwerem Siechtum leidet. Mit ihm leidet das Land, es ist unfruchtbar (waste): die Aufgabe des Helden besteht darin, den König nach seiner Gesundheit zu befragen, um ihm so die Kraft und seinem Lande die Fruchtbarkeit zurückzugeben. Die Gralssage ist demzufolge ein heidnischer Fruchtbarkeitsmythos, der, wie Jessie Weston annimmt, auf einem ebensolchen Ritus beruhte.

Diese These hat heftigen Widerspruch hervorgerufen und ist wohl in toto von niemandem angenommen worden. Aber sie hat manches für sich. Jessie Weston weist mit Recht darauf hin, daß die Wunde des Gralskönigs den Verlust der Manneskraft zur Folge hat (Wolfram sagt ausdrücklich, daß er an den Genitalien verletzt war). Da nun zwischen König und Land nach altem Glauben eine enge Beziehung besteht – eine Sym-pathie im eigentlichen Sinne des Wortes –, verliert das Land die Fähigkeit der Regeneration. Parallelen dazu gibt es im Kult des Adonis und anderer verwandter Gottheiten. Daß es die Aufgabe des Gastes auf dem Gralsschloß war, mit seiner Frage die Fruchtbarkeit wiederherzustellen – «die Wasser zu befreien» –, wird aus einer Version deutlich, in der Gawan als Held auftritt. In diesem Zusammenhang nehmen die beiden Symbole der Gralsburg, die Lanze und der Gral (= Gefäß, Kelch), eine sexuelle Bedeutung an. Heute leitet man den Gral zumeist aus dem keltischen Mythos ab, wo er als ein lebensspendender, stets mit Nahrung gefüllter Kessel («cauldron of plenty») bekannt ist. (Vgl. R. S. Loomis: «Arthurian Literature in the Middle Ages», 1959, bes. p. 274 f.)

Aber die Ansichten der Gralsforscher interessieren uns hier weniger als das, was Eliot aus der Lektüre des Westonschen Buches gewann. Wir können zwar nur vermuten, aber es liegt nahe, daß ihm das «waste land» der mittelalterlichen Romane als ein Äquivalent zum modernen Inferno, zum Leben, das in Wahrheit Tod ist, erschien. Zugleich damit muß ihm der Unterschied aufgegangen sein. Das alte «waste land» wartet auf seinen Erlöser, der schließlich auch kommt; das moderne dagegen hat in seiner Erstarrung vergessen, daß es der Erlösung bedarf – es nimmt den Tod als Selbstverständlichkeit, als normal. Wenn Eliot damals Gedanken dieser Art hatte, dann könnten sie auch durch die Lektüre des «Golden Bough» angeregt oder bestätigt worden sein. Denn Frazer zeigt mit einer überwältigenden Fülle von Belegmaterial auf, daß die ganze Menschheit Fruchtbarkeitskulte der Art übte, wie wir sie von Adonis, Attis usw. her kennen. Die ganze Menschheit vollzog den Kreislauf des Jahres, den Kreislauf des Lebens in heiligen Handlungen mit, in dem Glauben, dadurch bestimmend auf das Leben einzuwirken. Frazer sieht darin Aberglauben und Magie, die er beide als albern verachtet, denn er ist ein Aufgeklärter, der sich auf der Höhe des Fortschritts wähnt: Eliot mag begriffen haben, daß der Schwund der alten Kulte den modernen Menschen entleert und als den homo areligiosus zurückgelassen hat. Nicht etwa als einen Neu-Heiden, wie man zuweilen irrtümlich sagt. Denn gerade der Heide richtet seine Kraft auf das Leben und seine Erneuerung; der moderne Mensch hingegen hat mit der Religion auch den Willen zum Leben eingebüßt.

Daß Eliot solcherlei Gedanken hatte, beweist das Zitat aus der «Cena Trimalchionis» des Petronius Arbiter, das er seinem Gedicht als Motto voranstellt: «Nam Sibyllam quidem Cumis ego ipse oculis meis vidi in ampulla pendere, et cum illi pueri dicerent: Σιβύλλα, τί θέλεις; respondebat illa: ἀποθανεῖν θέλω.» (Denn ich habe die Cumäische Sibylle mit eigenen Augen in einer Flasche hängen gesehen, und als die Knaben fragten: Sibylle, was willst du? antwortete sie: ich will sterben.)

1948

Unter diesem Motto findet sich auf der Titelseite die Dedikation:

For Ezra Pound
il miglior fabbro

(p. 59)

Diese Dedikation hat einen konkreten Anlaß. Eliot schickte sein Manuskript an den damals schon in Paris residierenden Ezra Pound, der das Gedicht zurechtstutzte und Verbesserungsvorschläge machte. Ein Brief Eliots an Pound vom Januar 1922 zeigt, daß Eliot ihn immer noch als Autorität betrachtete (er redet ihn mit *Cher maître* an) und seine Kritik akzeptierte (soweit er sie verstand: *Criticism accepted so far as understood, with thanks*).

Seiner Dankbarkeit gab er mit dem Dante-Zitat Ausdruck. Es ist raffiniert gewählt: im 26. Gesang des «Purgatorio» trifft Dante auf den von ihm verehrten Lyriker Guido Guinizelli, der ihm den gleichfalls büßenden Troubadour Arnaut Daniel zeigt und dazu sagt: «... questi ... Fu miglior fabbro del parlar materno» (Dieser war der beste Schmied in der Muttersprache; vgl. vv. 115–117). Die Bezeichnung Schmied – Verseschmied – hat nichts Abfälliges, im Gegenteil: sie weist darauf hin, daß Arnaut an seinen Versen arbeitete, daß er sie hämmerte und feilte, daß er hohe Anforderungen an seine Kunst stellte – so wie Dante und Guido Guinizelli, und so wie Pound und Eliot. Eliot gibt mit diesem Zitat zu verstehen, daß er von Pound gelernt hat, was hohe Kunst ist, und zugleich, daß er und sein Meister in der Schule der Troubadours und Dantes gelernt haben. Darf man noch mehr heraushören? Nämlich die Absicht, mit dem *Waste Land* ein Seitenstück zur «Commedia» zu geben? Ein Gedicht, das wie die «Commedia» das Ganze des Lebens umspannt? Die Betrachtung des Textes, aus dem ich wieder einige Abschnitte zu genauerer Interpretation herausgreifen werde, bestätigt und modifiziert diese Vermutung.

The Waste Land, so wie es in der von Pound redigierten Fassung vorliegt, ist in fünf Abschnitte eingeteilt: *I. The Burial of the Dead* [*Das Begräbnis der Toten*], vv. 1–76; *II. A Game of Chess* [*Eine Schachpartie*], vv. 77–172; *III. The Fire Sermon* [*Die Feuerpredigt*], vv. 173–311; *IV. Death by Water* [*Tod durchs Wasser*], vv. 312–321; *V. What the Thunder Said* [*Was der Donner sprach*], vv. 322–433.[1]

Die Titel der einzelnen Abschnitte – mit Ausnahme des zweiten – beziehen sich deutlich auf die Symbolik der Fruchtbarkeit, des Werdens, Vergehens und Neuwerdens: auf das Wasser, das gebiert und verschlingt, und auf das Feuer als seine elementare Gegenkraft. Tote werden begraben, um, zu neuem Leben verwandelt, aufzuerstehen; entweder, wie das Christentum lehrt, zur Verklärung in der Seligkeit des ewigen Lebens, oder, wie es heidnischen Anschauungen entspricht, um sich erneut im diesseitigen Dasein zu verkörpern – manche der «Primitiven» glauben, daß die Geister der Ahnen in die eben geborenen Kinder eingehen, so daß für sie das Leben aus dem Tode entsteht. Die Bewohner von Eliots *waste land* aber wollen keine wie auch immer geartete Auferstehung. Das zeigen die ersten Verse des ersten Abschnitts:

April is the cruellest month, breeding
Lilacs out of the dead land, mixing
Memory and desire, stirring
Dull roots with spring rain.
Winter kept us warm, covering

Earth in forgetful snow, feeding
A little life with dried tubers.
Summer surprised us, coming over the Starnbergersee
With a shower of rain; we stopped in the colonnade,
And went on in sunlight, into the Hofgarten,
And drank coffee and talked for an hour.

---

1 Übersetzungen aus dem *Waste Land* zitiert nach Curtius, mit Ausnahme von *What is the city* etc. (s. d.)

«A crowd flowed over London Bridge»

April ist der grausamste Monat, er treibt
Flieder aus toter Erde, er mischt
Erinnern und Begehren, er weckt
Dumpfe Wurzeln mit Lenzregen.
Winter hielt uns warm, bedeckte
Land im Schnee des Vergessens, nährte
Karges Leben mit trockenen Knollen.
Sommer überfiel uns, kam über den Starnbergersee
Mit Regenschauer; wir rasteten im Säulengang
Und schritten weiter im Sonnenlicht in den Hofgarten,
Tranken Kaffee und plauderten eine Stunde.

(S. 61)

Das Gedicht setzt wahrhaft paradox ein. Seit dem Mittelalter feiern die Dichter das Kommen des Frühlings (wir mögen an Walther von der Vogelweide denken), und noch Rilke beginnt sein «Aus einem April» mit dem freudigen «Wieder duftet der Wald». Für die, die Eliot *wir* nennt, ist der April der grausamste Monat, weil er aufweckt, was in stumpfem Schlaf verharren möchte. Aber der dumpfe, hämmernde Rhythmus der Verse – *Ápril ís the crúellèst mónth* – läßt den Toten keine Ruhe; sie müssen aus ihrer Verborgenheit hinaus ins Freie. Die gleitenden Partizipien der frühlingshaften Bewegung – *breeding, mixing, stirring* – finden Responsion in den Partizipien, die das Dahinvegetieren der Vergrabenen beschreiben – *covering, feeding* –, und aus diesem Zusammenklang entsteht plötzlich, überraschend, der Sommer: «man lebt wieder auf», aber nur zu Kaffeetrinken und Plaudern, nicht zur Fülle des Daseins.

Der erste Abschnitt beschreibt verschiedene Aspekte des fragmentarischen, enttäuschten und enttäuschenden Pseudo-Lebens und endet mit der Vision der Großstadt im Nebel:

Unreal City,
Under the brown fog of a winter dawn,
A crowd flowed over London Bridge, so many,
I had not thought death had undone so many.
Sighs, short and infrequent, were exhaled,
And each man fixed his eyes before his feet.
Flowed up the hill and down King William Street,
To where Saint Mary Woolnoth kept the hours
With a dead sound on the final stroke of nine.
There I saw one I knew, and stopped him, crying: «Stetson!
«You who were with me in the ships at Mylae!
«That corpse you planted last year in your garden,

«Has it begun to sprout? Will it bloom this year?
«Or has the sudden frost disturbed its bed?
«Oh keep the dog far hence, that's friend to men,
«Or with his nails he'll dig it up again!
«You! Hypocrite lecteur! – mon semblable, – mon frère!»

Unwirkliche Stadt,
Im braunen Nebel eines Wintermorgens
Strömte die Menge über London Bridge, so viele,
Ich glaubte nicht, der Tod fälle so viele.
Sie stießen kurze, seltne Seufzer aus,
Und jeder heftete den Blick zu Boden.
Sie strömten weiter durch King William Street,
Bis wo Saint Mary Woolnoth das Geläut
Der Stunden tönt und neun Uhr dumpf ausklingt.
Dort sah ich einen, den ich kannte, hielt ihn an: «Stetson!
Du warst ja mit mir in dem Schiff bei Mylae!
Vorm Jahr vergrubst im Garten du 'ne Leiche.
Fängt sie zu sprießen an? Blüht sie dies Jahr?
Oder hat jäher Frost ihr Beet versehrt?
Oh keep the dog far hence, that's friend to men,
Or with his nails he'll dig it up again!
Du! Hypocrite lecteur! – mon semblable, – mon frère!»
(S. 63)

Der Kreis des Jahres schließt sich, es ist Winter. Besteht Hoffnung auf ein Erwachen? Stetson hat eine Leiche vergraben, die *blühen*, Leben spenden, neues Leben werden soll. Aber sie ist gefährdet, am meisten von dem Hund, der sie ausgraben könnte – vom Hund, der (so darf man wohl interpretieren) so sehr durch sein Zusammensein mit den Menschen zivilisiert ist, daß er die Funktion des archaischen Ritus behindert. Soll das weiter heißen, daß die menschliche Zivilisation dadurch, daß sie sich das Elementare und Animalische aneignet, das menschliche Leben erstarren läßt?

Die Verse *Oh keep the dog far hence* etc. sind eine Adaptation aus dem «Dirge» (Totenklage) im «White Devil» von John Webster.[1] Dort heißt es jedoch «keep the wolf far hence that's foe to men»: der Wolf ist gefährlich, weil er Feind, der Hund, bei Eliot, dagegen, weil er Freund ist. Er ist dem Leben des Menschen gefährlicher als das wilde Tier; das heißt, daß der Mensch sich selbst durch sein eigenes

1 Dramatiker aus der Zeit Shakespeares (ca. 1580 – ca. 1625), vgl. «The White Devil», V, 4 und Eliots *Note.*

Tun bedroht. Sein Werk jedenfalls, die Stadt, in der er ein «menschenwürdiges Leben» zu führen vermeint, ist Hölle: darauf verweisen die Verse *I had not thought – exhaled,* die, wie Eliot anmerkt, dem «Inferno» entlehnt sind (III, 55–57 u. IV, 25–27). Die Entsprechung von Dantes Hölle und modernem Dasein ist uns längst vertraut. Aber der Beziehungsreichtum ist hier noch größer. Denn mit *Unreal City* wird auch Baudelaire und sein Paris evoziert (Eliot verweist auf die schon oben zitierten Verse aus «Les sept Vieillards: Fourmillante cité» etc.), wodurch London, das hier unmißverständlich als der Prototyp der modernen, «höllischen», Stadt figuriert, als mit Paris wesentlich gleich erscheint, und dann, durch eine subtile, vielleicht allzu raffinierte Anspielung, als identisch mit Rom und Karthago. Stetson war nämlich mit auf den Schiffen bei Mylae, das heißt in einer Seeschlacht des zweiten punischen Krieges (260 v. Chr.), in der die Römer über die Karthager siegten. Ist damit auch eine Anspielung auf die Seeschlacht am Skagerrak impliziert? Das würde bedeuten, daß nicht nur die Städte der Welt, sondern auch ihre Kriege im Grunde immer nur dasselbe sind.

Das «wüste Land» der Moderne nimmt somit universale Proportionen an. Wer ist Stetson? Offenbar jeder beliebige Mensch, ebenso wie der ich-sagende Sprecher jeder sein kann – denn er gleicht jedem beliebigen Leser, den er mit Baudelaire als seinen Bruder anredet. (Vgl. wiederum Eliots *Note,* das Zitat ist aus dem Einleitungsgedicht der «Fleurs du mal», das «Au Lecteur» heißt und nicht, wie Eliot angibt, «Preface».) Im fünften Teil wird diese Ineinssetzung von allem ausdrücklich:

What is the city over the mountains
Cracks and reforms and bursts in the violet air
Falling towers
Jerusalem Athens Alexandria
Vienna London
Unreal

Was ist die Stadt da über den Bergen
Sie splittert formt sich und zerbricht in violetter Luft
Türme stürzen
Jerusalem Athen Alexandria
Wien London
Unwirklich

(S. 75)

Wir kennen die Juxtaposition von Vergangenem und Gegenwärtigem aus dem Burbank-Gedicht. Eliot wendet die dort geübte Methode im *Waste Land* ausführlich an, am auffälligsten zu Beginn des zweiten (*A Game of Chess*) und des dritten (*The Fire Sermon*) Abschnitts, aber er wertet hier nicht die Gegenwart zugunsten der Vergangenheit ab, sondern dehnt die Nichtigkeit des Heute so weit aus, daß der Glanz des Gestern zum bloßen Schein wird. Damit wird aber die Geschichte überhaupt aufgehoben; die Welt ist ein trübes Einerlei, in dem sich nichts ändert. Man könnte von ihr mit Goethes Mephisto sagen:

> Da ist für mich nichts Neues zu erfahren,
> Das kenn ich schon seit hunderttausend Jahren.

Eliots «Commedia» beschränkt sich auf die Hölle. Zwar kündigt zum Schluß der Donner Regen an, der auch wirklich fällt, aber er bringt keine Befreiung. Was der Donner sagt, sind drei Worte aus den Upanishaden: Datta, dayadhvam, damyata (give, sympathise, control = gib, habe Mitleid, beherrsche), was darauf hinausläuft, daß man den gegenwärtigen Zustand ertragen muß.

Der zweite und der dritte Abschnitt des Gedichts stellen die Liebe dar. Die Liebe ist die Kraft, die, wie Dante sagt, «die Sonne und die anderen Sterne bewegt» («Paradiso»; XXXIII, 145), die die Welt in ihrem kreisenden Lauf erhält: so ist sie auch in den Riten der Fruchtbarkeit das lebendige Zentrum der Regeneration. Im *Waste Land* gibt es nur noch sinnentleerte Reste von dem, was sie sein sollte. In *A Game of Chess* – der Titel ist einem Drama von Thomas Middleton entnommen, wo ein Schachspiel der Verführung dient[1] – sehen wir zunächst eine Dame, die vergeblich nach erotischer Erfüllung strebt und in Hysterie verfällt; danach werden wir Zeugen eines intimen Gesprächs, das zwei einfache Frauen in einem Pub führen. «Oben» und «unten» in der Gesellschaft führt die Liebe zu nichts, ohne daß sich die Menschen dieses Nichts ausdrücklich bewußt werden. Deswegen heißt der dritte Teil nach einer berühmten Rede des Buddha *Die Feuerpredigt*: alles Leben ist sinnlos flammendes Feuer, das der Weise durch Meditation zum Erlöschen (d. h. zum Nirvana) bringt; der Unerleuchtete dagegen läßt sich von ihm erfassen, auszehren und wieder erfassen. So folgt hier auf den Liebesakt nur die Gleichgültigkeit:

> *When lovely woman stoops to folly and*
> *Paces about her room again, alone,*

---

1 Thomas Middleton (1580–1627). Dramatiker der Shakespeare-Zeit. Das Stück heißt «Women Beware Women». Vgl. Eliots *Note.*

She smoothes her hair with automatic hand,
And puts a record on the gramophone.

When lovely woman stoops to folly[1] – schon
Geht sie in ihrem Zimmer hin und her,
Legt eine Platte auf das Grammophon,
Und fühlt, ob die Frisur in Ordnung wär'.

Diesem Mädchen ist auch schon die Liebe gleichgültig geworden; sie gibt sich ihrem Verführer nur hin, weil sie abends nichts Besseres zu tun hat.

Die Verse, die ich aus diesem Gedicht zitiert habe, geben einen Eindruck von dem Reichtum an Rhythmen, mit denen Eliot sein Thema darstellt. Die hämmernden Schläge des Anfangs, die das tote Leben zwingen, sich wieder zu regen – die abgebrochenen Satzfetzen, die den Verfall der Städte abbilden – das jambische Gleichmaß, mit dem das verführte Mädchen zu ihrem normalen Dasein zurückfindet: überall vernehmen wir die Sprache des Dichters, der seine Sprache beherrscht, und dem darum das Paradoxe gelingt, aus einem dürren Gegenstand Poesie entstehen zu lassen.

LITERATURKRITIK

Als Dichter war Eliot von esoterischer Dunkelheit. Aber er wollte nicht nur für einen kleinen Kreis von Kennern schreiben; er suchte ein großes Publikum zu erreichen, zu beeinflussen und zu prägen – der pädagogische Eros war in ihm so mächtig wie in Irving Babbitt. Deswegen wandte er sich in seinen späteren Jahren der Bühne zu, und deswegen publizierte er sein ganzes Leben lang kritische Essays, schrieb Einleitungen und Buchbesprechungen, hielt Vorträge und Vorlesungen und gab von 1922 bis 1939 *The Criterion* heraus, seine Zeitschrift, die er nach seinem Willen und Gutdünken, autokratisch und zugleich tolerant, leitete.

Die Mittel dazu gab ihm anfänglich Viscountess Rothermere; 1925 wurde die Zeitschrift vom Verlag Faber & Gwyer (später: Faber & Faber) übernommen, der dem illustren Chefredakteur volle Freiheit ließ. 1926 trat Eliot diesem Hause als Director bei, er gehörte ihm

---

1 Die Stelle ist nicht übersetzt, weil es sich um ein Zitat aus Goldsmiths «The Vicar of Wakefield» handelt. Man könnte übersetzen: «Wenn ein hübsches Mädchen eine Dummheit macht» ...

bis zu seinem Tode an und hat seine Arbeit stets sehr ernst genommen. Der Verlag gab ihm eine Stellung, einen festen Ort in der Gesellschaft; im *Criterion* hatte er die Plattform, von der aus er zur Gesellschaft sprechen konnte. Es erschien vierteljährlich (nur vorübergehend, 1927/28, monatlich); in jeder Nummer fand sich mindestens ein Beitrag, den er selbst verfaßt hatte: *A Commentary*, in dem er zu aktuellen, ihn besonders interessierenden Ereignissen seine Meinung sagte.

Im Januar 1926 veröffentlichte er einen Leitartikel über den Sinn seiner Zeitschrift (*The Idea of a Literary Review, Criterion* IV). Ihr Hauptinteresse sollte der Literatur gelten, ohne exklusiv literarisch zu sein. Niemand, meinte Eliot, kann die Grenzen der Literatur gegenüber dem Leben bestimmen; wer die Literatur isoliert, zerstört das Leben der Literatur, und darum kündigte er an, daß jede Nummer versuchen sollte, so weit wie möglich die Zeit und ihre Probleme zu erhellen. Er wollte sich dabei keinem bestimmten Programm verschreiben, wohl aber eine Tendenz haben.

Welcher Art diese Tendenz ist, bemerkt man beim Durchblättern der einzelnen Bände. Eliot macht sich stets zum Anwalt klaren Denkens und – was auf dasselbe hinausläuft – klaren Schreibens; er fällt mit polemischer Schärfe über die her, die seinen Ansprüchen nicht genügen. Dabei schont er weder Rang noch Namen. Winston Churchill bekam zu hören, daß sein Prosastil den *schlechtesten bisher bekannten* noch unterböte (*Commentary*, April 1929); Freud mußte sich sagen lassen, daß sein Buch «Die Zukunft einer Illusion» ebenso *scharfsinnig* wie *dumm* sei: *Die Dummheit zeigt sich nicht so sehr in einem Mangel an historischem Wissen und am fehlenden Verständnis für religiöse Haltung, als in einer vagen Geschwätzigkeit und der Unfähigkeit, logisch zu denken* (Dezember 1929); und Bertrand Russell erweist sich in seiner Schrift «Warum ich kein Christ bin» als *der gefühlstrunkene Prediger einer atheistisch-nonkonformistischen Sekte* (August 1927).

Eliot ließ Russell allerdings als mathematischen Philosophen gelten, und er räumte das *Criterion* auch solchen ein, die mit ihm nicht eines Sinnes waren. Er selbst aber hielt an seinen Tendenzen fest, die wir als einen an Babbitt orientierten Klassizismus verstehen. Eliot wandte sich in gleicher Weise gegen das romantische Denken wie gegen das moderne. Der Romantiker, so erklärte er in *Criterion* II (*The Function of Criticism* [*Die Aufgabe der Kritik*], p. 31–42), vermag nicht zwischen *Tatsachen und Einbildung* (*fact and fancy*) zu unterscheiden, wohingegen der Klassiker, *der geistig Erwachsene*, durchweg *realistisch* denkt – *ohne Illusionen, ohne Träume* etc. Bei anderer Gelegenheit stellt er sich die *Albernheit* (*fatuity*) eines Rundschreibens vor, das gemeinsam von Mr. H. G. Wells, Mr. Bernard Shaw und Mr. Russell verfaßt würde – oder von Freud, Jung, Adler, den Gebrüdern Huxley und anderen, die man typisch modern nennen könnte. (*Thoughts After Lambeth* [*S E*, p. 354–355])

Im Laufe der Jahre wandte sich das *Criterion* immer mehr der Politik zu, so daß, wie er in seinen Abschiedsworten sagte, der Rahmen einer literarischen Zeitschrift ein wenig überschritten wurde. Aber er fühlte dunkel (*I have felt obscurely*), daß England eine lebendige politische Philosophie brauchte, und diese hing für ihn von der rechten Theologie ab, so wie die Nationalökonomie von der rechten Ethik. (Januar 1939)

Eliot schrieb diese Abschiedsworte, weil er sich als gescheitert betrachtete. Er hatte versucht, den «Europäischen Geist» zu erneuern und zu kräftigen; deswegen hatte er mit anderen Zeitschriften ähnlichen Charakters zusammengearbeitet – der «Nouvelle Revue Française», der «Revista del Occidente», der «Nuova Antologia», der «Europäischen Revue» – und Autoren wie Proust, Valéry, Ramon Fernandez, Worringer, Scheler, Curtius in England eingeführt. Aber Europa wurde seinem Geist untreu, und Eliot riet jedem, der schöpferisch auf dem Gebiete der Literatur tätig war, seinen Weg, unbekümmert um Erfolg, allein weiterzugehen.

Er selbst wandte sich noch ausdrücklicher als früher der Kultur- und Gesellschaftskritik zu, so daß der Amerikaner R. H. Robbins darin seine Hauptbedeutung sah – die er allerdings sehr negativ beurteilte: «Seine Philosophie ... besteht in ihren politischen Aspekten in einem ausdrücklichen Angriff auf Demokratie und republikanisches Denken.» («The T. S. Eliot Myth», New York 1954, p. 10)

Wir können daher Eliots literarische und seine Gesellschaftskritik in zwei gesonderten Kapiteln behandeln, obwohl wir nie aus den Augen verlieren dürfen, daß für ihn die beiden Bereiche zusammengehören und daß manche seiner wichtigsten Äußerungen über Literatur – wie zum Beispiel der Vortrag *What is a Classic?* – in den späteren Jahren getan wurden.

Eliot hat keine abgeschlossene Theorie der Literatur aufgebaut, sondern meist ad hoc gesprochen; daher finden sich Unstimmigkeiten und Widersprüche, die sich aus der jeweiligen Situation – und natürlich auch einfach daraus, daß er seine Meinungen änderte und korrigierte – erklären. Zudem erreicht seine Prosa nicht immer das von ihm postulierte Ideal klassischer Klarheit, wie wir schon bei der Analyse des Abschnitts aus *Tradition and the Individual Talent* sahen. Als ein anderes Beispiel von Verworrenheit ließe sich seine These vom *objective correlative* anführen, die ebenfalls, so wie die These von der Unpersönlichkeit des Dichters, großen Einfluß ausgeübt hat, ohne daß man recht begreift, was denn nun dieses *objective correlative* sei: wenn nicht einfach dies, daß der Dichter seine Empfindungen gegenständlich faßbar macht.[1]

Eliot selbst war sich der Tatsache schmerzlich bewußt, daß er nicht immer genau zu sagen vermochte, was er meinte, und er hatte keine hohe Meinung von seiner Prosa: jedenfalls behauptete er, daß er sie nur mit Qual wieder lesen könne. (*Goethe as the Sage* [*Poetry*, p. 220]) Und dabei ist seiner Ansicht nach das Vergnügen der Sinn der Literatur, und für ihn besteht die Aufgabe des Kritikers darin, zum Vergnügen anzuleiten und selbst amüsant zu sein.

Belege für diese Ansicht finden sich in seinem gesamten kritischen Werk, dem frühen und dem späten. So heißt es im Essay über Dryden (1922) apodiktisch: ... *Vergnügen* (*delight*) ... *allein rechtfertigt die Lektüre von Dichtung* ... und im gleichen Essay spricht er von dem *Spaß* (*fun*), den ein bestimmtes Gedicht Drydens mache (*S E*, p. 305 u. p. 307); in den Vorlesungen über den Nutzen der Dichtung und der Kritik sagt er, es sei kein Zweifel, daß der Dichter *gefallen* (*give pleasure*), daß er die Menschen *unterhalten* wolle (*Use*, p. 31), und in dem Vortrag *The Frontiers of Criticism* [*Die Grenzen der Literaturkritik*], den er 1956 an der Universität von Minnesota hielt, greift er noch einmal auf frühere Äußerungen zurück und definiert, einigermaßen kategorisch, den Sinn der Kritik als *Förderung des Verstehens und Genießens von Literatur.* (*Poetry*, p. 115) Daher sei er dem Kritiker am dankbarsten, der ihn etwas sehen lasse, was er entweder bisher gar nicht oder mit von Vorurteilen getrübten Augen gesehen habe (a. a. O., p. 117).

Mit Begriffen wie Genuß, Vergnügen, Unterhaltung freilich vermeint Eliot nicht, das Wesen der Dichtung (oder Kunst überhaupt) zu treffen – im Gegensatz etwa zu Brecht, der Kunst und Unterhaltung schlechtweg identifiziert. («Schriften zum Theater», 1957, S. 130–131) Vielmehr sagt er in den Vorlesungen über den Nutzen der Dichtung etc. am Schluß ausdrücklich, er habe keine Definition der Dichtung zu geben versucht, und daß sich die Dichtung *selbstverständlich* (*of course*) nicht durch ihren *Nutzen* (*use*) – also durch das, was man als Vergnügen und Unterhaltung von ihr hat – definieren lasse (a. a. O., p. 115).

Was Eliot über Dichtung sagt, darf nur als Andeutung, Wink, als Denkstimulans genommen werden: *Die Dichtung beginnt, möchte ich meinen, mit einem Wilden, der im Busch die Trommel schlägt, und sie bewahrt Schlag und Rhythmus als ihr Wesenselement* (a. a. O.,

---

1 Die Theorie findet sich in *Hamlet and His Problems* (*Wood*, p. 100). Vgl dazu F. O. Matthiessen: «The Achievement of T. S. Eliot», Kap. III.

p. 155) – auch seine Gedichte haben viel von Schlag und Rhythmus in sich, aber es ist doch ein weiter Weg von dem trommelnden Wilden bis zu dem distinguiert gekleideten Mr. Eliot, der diesen Satz auf einem Katheder der Universität Harvard vorträgt. Und wie ernst soll man ihn nehmen, wenn er sich ein Publikum von Analphabeten wünscht? (S. a. a. O., p. 152)

Hat auch Eliot am Unbehagen in der Kultur gelitten? Vielleicht spürte er, daß ein allzu systematisches Nachdenken über das Wesen der Dichtung seiner eigenen poetischen Produktion gefährlich werden könnte. Er glaubte, diesmal im Gegensatz zu Poe, Valéry und anderen Modernen, an die Möglichkeit der Inspiration, nämlich daran, daß dem Dichter etwas gelingt, dessen Sinn er selbst nicht begreift (*Virgil and the Christian World* [*Poetry*, p. 122–123]), und er glaubte auch an ihre Notwendigkeit, allerdings auch an die Notwendigkeit, das Inspirierte bewußt zu verarbeiten, zu «organisieren»: *Organisation is necessary as well as «inspiration».* (*Use*, p. 146) Er bekannte sogar, bei einer der wenigen Gelegenheiten, wo er über sich selbst spricht, daß er manchmal inspiriert, oder wie inspiriert, geschrieben habe, in Zuständen, die der mystischen Erfahrung ähneln, allerdings schränkte er ein: *Mir scheint es, daß in diesen Augenblicken, in denen sich die Last der Besorgnis und Angst, die sonst so beständig auf unserem täglichen Leben liegt, daß wir ihrer nicht gewahr werden, verflüchtigt, etwas Negatives geschieht: das heißt, nicht das, was wir im allgemeinen für «Inspiration» halten, sondern das Zerbrechen der durch die Gewohnheit geformten Schalen – die sich sehr rasch wieder bilden* (a. a. O., p. 144).

Inspiration kann – Eliot drückt sich vorsichtig aus – das Ergebnis einer *Inkubation* sein, die durch verschiedene Erfahrungen verursacht ist, durch Lektüre etwa oder durch Bilder und Erlebnisse: *Das Lied eines Vogels, das Springen eines Fisches, zu einer bestimmten Zeit, an einem bestimmten Ort, der Duft irgendeiner Blume, eine alte Frau auf einem Bergpfad in Deutschland, sechs Strolche, die abends am geöffneten Fenster einer kleinen französischen Bahnstation Karten spielen, in der Nähe einer Wassermühle: solche Erinnerungen haben einen symbolischen Wert, aber was sie bedeuten, können wir nicht sagen, denn sie stehen für Tiefen des Gefühls, in die es keinen Einblick gibt.* (*Use*, p. 148)

Eliot legt sich auf keine Definition der Dichtung fest; mit Vergnügen und Unterhaltung ist keine Wesensgleichheit gemeint. Trotzdem zielt er damit auf etwas Wesentliches ab. Für ihn ist Dichtung immer Kommunikation; der Dichter spricht zu einem Publikum, und zwar wünscht er sich «natürlicherweise» eine Zuhörerschaft, *die so groß und so gemischt wie möglich ist* (a. a. O., p. 152). Steht Eliot seinem eigenen, «natürlichen» Verlangen nicht dadurch im Wege, daß er dunkel schreibt?

Aber was heißt Dunkelheit (oder Schwierigkeit, *obscurity, difficulty*)? Sie kann, wie er darlegt, verschiedene Ursachen haben; einmal kommt sie vielleicht daher, daß ein Dichter sich nur dunkel auszudrücken vermag; oder sie erklärt sich aus der Neuartigkeit des Gesagten (Wordsworth, Shelley, Keats, Tennyson, Browning galten zunächst als unverständlich); vielleicht nimmt auch der Leser einfach nur an, daß ein bestimmter Dichter schwierig sei (bei einem Modernen etwa). (*Use*, p. 150–151) Es ließen sich noch andere Ursachen anführen, zum Beispiel die, daß der Dichter voraussetzt, was der Leser nicht weiß, daß er eine unvertraute Sprache – im weitesten Sinne – spricht, wie etwa Dante. Und doch ist es möglich, einen solchen Dichter bis zu einem gewissen Grade zu verstehen, oder, wie Eliot mit Hinblick auf Dante sagt: *wahre Dichtung kann sich mitteilen (communicate), ehe sie verstanden wird.* Zum Verstehen und Genießen gelangt man allmählich: *The enjoyment of the Divine Comedy is a continuous process.* (*Dante* [*S E*, p. 238])

Dunkelheit ist etwas Relatives; sie wird dem Leser zu Licht, der sich einem Gedicht anvertraut, ohne voreilig Fragen zu stellen. Dabei kann ihm die Hilfe dessen willkommen sein, der verstanden hat, richtig zu fragen, und der seine Antworten und Erkenntnisse als Kritiker mitteilt. Die Kritik ist etwas Legitimes, das einer Rechtfertigung ebensowenig bedarf wie jede andere philosophische Tätigkeit. (*Use*, p. 19–20)

Es gab jedoch Epochen, die gänzlich oder fast gänzlich ohne Kritik auskamen: *Sie tritt erst dann bedeutsam auf, wenn die Dichtung nicht mehr den Geist eines ganzen Volkes ausdrückt.* (*Use*, p. 22) Dann stellen die verschiedenen Schichten und Gruppen einer Gesellschaft jeweils ihre Forderungen an die Dichtung, und man beginnt zu überlegen, welche Art zu dichten die «richtige» sei. In England setzte die Kritik im Zeitalter Drydens ein und hat seitdem nicht aufgehört, ihre Rolle im literarischen Leben zu spielen. Das 20. Jahrhundert bedarf ihrer in besonderem Maße, wie es jedenfalls Eliot schien, und so schrieb er in seinem manifestartigen Essay *The Function of Criticism*: *Die Kritik ... muß sich immer darüber klar sein, worauf es eigentlich ankommt, und das ist, grob gesprochen, die Erhellung von Kunstwerken und die Verbesserung des Geschmacks.* (*Criterion* II, p. 32) *The correction of taste!* Das klingt nach Dryden, den Eliot bewunderte, und es erinnert an den Klassizismus Popes und Johnsons, wo man noch genau wußte, was guter Geschmack ist. 1956, in seinem schon zitierten Vortrag *The Frontiers of Criticism*, schien ihm diese Ausdrucksweise als vielleicht allzu *pompös (pom-*

Dante. Gemälde eines unbekannten Meisters, 14. Jahrhundert

pous), aber er fügte doch auch hier, wo er den Sinn der Kritik als Förderung des Verstehens und Genießens von Literatur definiert, hinzu, daß sie auch aufzeigen müsse, *was man nicht genießen sollte.* Seine eigene kritische Tätigkeit richtet sich darum auf eben dieses: zu zeigen, was man genießen und was man nicht genießen sollte. Sie ist durchweg von seinem eigenen Geschmack bestimmt, weswegen man ihr den Vorwurf der Subjektivität machen könnte.

Zudem will Eliot nicht nur sein Vergnügen an den Dichtungen anderer mitteilen, sondern auch das Publikum für seine eigene Produktion gewinnen. Dessen war er sich bewußt und sagte es auch manchmal (z. B. in *The Music of Poetry* [*Poetry*, p. 26]) – aber nicht immer. In dem frühen Aufsatz *The Perfect Critic* behauptete er sogar, nach einer Betrachtung des Kunstwerks zu streben, die *von allen*

Zufälligkeiten persönlichen Fühlens gereinigt sei und darauf abzuzielen, *den Gegenstand so zu sehen, wie er wirklich ist* (*as it really is* [*Wood*, p. 14–15]). Das klingt ganz gut, aber bedeutet nicht viel: sinngemäß sagt heute jeder Parteiredner dasselbe, wenn er uns auffordert, die Dinge «realistisch» zu sehen und uns damit seine eigene Meinung (oder die seiner Partei) plausibel machen möchte. Wer will schon die Dinge so sehen, wie sie nicht, wie sie wirklich nicht sind – und wer bekennt sich dazu als zu seinem Ideal? Walter Pater, den Eliot verachtete, sagte mit Recht, daß wir einen Gegenstand dann wirklich erkennen, wenn wir den Eindruck analysieren, den er auf uns macht. Der Kritiker muß sich darum fragen: «Was bedeutet dieses Lied oder dieses Gemälde... für mich? Was für eine Wirkung übt es auf mich aus? Macht es mir Freude (pleasure)? Und wenn, welche Art von Freude, und bis zu welchem Grade? Wie wird mein eigenes Wesen durch seine Gegenwart und seinen Einfluß modifiziert?» («The Renaissance», 1873, Preface) In seinem Essay über Dryden kam Eliot jedoch der Weisheit Paters sehr nahe, indem er schrieb: *Alles, was wir* (als Kritiker) *zu tun hoffen können... ist, uns über die Gründe* (*reasons*) *klarzuwerden, warum wir an Dichtungen, die wir mögen, Gefallen* (*pleasure*) *finden.* (*S E*, p. 309) [1] Vielleicht gibt es Kritiker und Wissenschaftler, die mit der Naivität des philosophisch Ungeschulten vermeinen, die Dinge ganz objektiv («so, wie sie wirklich sind») zu sehen. Aber ein Kritiker (und auch ein Literaturwissenschaftler) ist nur dadurch objektiv, daß er seine Eindrücke und Empfindungen klärt und sie in einer für andere faßbaren Weise darbietet – so über-

John Dryden

---

1 Vgl. hierzu auch René Wellek: «Grundbegriffe der Literaturkritik», 1965, S. 20: «Es gibt einfach keine Möglichkeit, unser Urteil, mein eigenes Urteil zu umgehen.»

Walter Pater

schreitet er den Kreis des Subjektiven. Auslöschen läßt sich das Subjektive, die eigene Persönlichkeit, nicht, und bedeutende Kritik entsteht nur dort, wo ein eigenständiger Mensch mit Dichtern und ihren Werken zusammentrifft.

Wenn Eliot sich mit Dante, Baudelaire, Dryden, Shakespeare usw. auseinandersetzt, dann macht er immer etwas sichtbar, das zu sehen sich lohnt – und sei es nur ein Stück T. S. Eliot, von dem man vorher nichts wußte. Selbst in Essays, wo er nicht viel mehr offenbart als seine Vorlieben und Abneigungen, hat er oft genug den glücklichen Griff für ein Zitat, das er dem Leser eindrucksvoll vorführt und ihn so anreizt, den ganzen Zusammenhang nachzuschlagen. So gelang es ihm, seinen eigenen Geschmack publik, zum Geschmack eines großen Publikums zu machen; und er bereitete nicht nur den Boden für die Aufnahme seiner eigenen Dichtungen, sondern führte auch zu einem Neusehen und Neubewerten von Dichtern der Vergangenheit.

Die drei Essays *John Dryden, The Metaphysical Poets* [*Die ‹metaphysischen› Dichter*], *Andrew Marvell,* die 1924 in dem kleinen Bändchen *Homage to John Dryden* publiziert wurden (sie waren einzeln schon 1921 im «Times Literary Supplement» erschienen), haben die doppelte Aufgabe, für das eigene dichterische Werk und für vernachlässigte, «falsch» beurteilte frühere Dichter zu werben. Ehe wir sie betrachten, müssen einige Sachverhältnisse erläutert werden, die dem deutschen Leser nicht ohne weiteres vertraut sein dürften.

Als Metaphysical Poets bezeichnet man einige Lyriker des 17. Jahrhunderts: John Donne, George Herbert, Richard Crashaw, Abraham Cowley, Henry Vaughan, Thomas Traherne, Andrew Marvell. Sie haben gewisse Stileigentümlichkeiten gemeinsam (welche, ist nicht ganz leicht zu sagen), die Samuel Johnson, der große Kritiker des 18. Jahrhunderts, der noch heute in England eine dem Ausländer schwer verständliche Verehrung genießt, negativ beurteilte, und die er eben darum «metaphysical» nannte. Sie erschienen ihm «unnatürlich» (das 18. Jahrhundert hatte ebenso naive Vorstellungen von

Natur wie das 20. von Wirklichkeit), gesucht, übermäßig geistreich; zwar galt ihm «wit» als etwas Positives, nämlich als «eine Art von discordia concors, ein Zusammenstellen von ungleichen Bildern oder ein Entdecken von verborgenen Ähnlichkeiten in scheinbar ungleichartigen Dingen», aber «vom so verstandenen ‹wit›» hatten sie mehr als genug. Die heterogensten Ideen werden gewaltsam unter ein Joch gebracht («The most heterogeneous ideas are yoked by violence together»), so daß der Leser «zwar manchmal staunt, aber selten Gefallen empfindet» («Essay on Cowley, in Lives of the English Poets», zuerst 1779).[1] Durch Johnsons Richtspruch wurden die Metaphysicals an den Rand des literarischen Bewußtseins verbannt, sie galten als sonderbar (quaint) und wurden belächelt; nur wenige Kenner fanden Gefallen an ihnen, so Coleridge, De Quincey und Browning. Gegen Ende des 19. Jahrhunderts regte sich, als Vorbote einer kommenden Geschmackswandlung, neues Interesse, und 1912 legte Sir Herbert Grierson eine mustergültige Ausgabe von Donnes Gedichten vor, 1921 eine Anthologie unter dem Titel «The Metaphysical Poets». Eliot besprach sie im «Times Literary Supplement» und schlug vor, die Metaphysicals nicht mehr, wie Johnson, durch ihre Fehler, sondern durch ihre Vorzüge zu charakterisieren. Er hatte Erfolg; heute ist Donne einer der größten englischen Dichter, und Herbert und Marvell stehen an Ruhm wenig hinter ihm zurück.

Die Haupttugend der Metaphysicals besteht nach Eliot in der Fähigkeit, geistige Erfahrungen ebenso intensiv zu spüren wie sinnliche: *Den Gedanken so unmittelbar zu fühlen wie den Duft einer Rose.* (*S E*, p. 287) Darin gleichen sie dem späten Shakespeare und anderen Dramatikern seiner Zeit, wie Chapman und Jonson; im Verlauf des 17. Jahrhunderts setzte jedoch eine *dissociation of sensibility* ein, die durch Dryden einerseits und durch Milton andererseits charakterisiert wird. Die englische Literatur hat sich bislang noch nicht von dieser Katastrophe erholt.

Die Formel *dissociation of sensibility* ist alles andere als klar: dissoziiert sich die Empfindungsfähigkeit von sich selbst oder von etwas anderem, etwa vom Denken? Auch weiß man nicht recht, was sich bei, oder mit, Milton und Dryden dissoziiert: kann Milton nur fühlen und Dryden nur denken? Aber die Formel wirkte mächtig; Eliot-Jünger stellten sich die bange Frage, ob ihre eigene sensibility

---

1 Johnsons Definition des «wit» (das Wort ist unübersetzbar) deckt sich mit der Definition, die Baltasar Gracián von der Tätigkeit des «ingenio» gibt: «Es un acto del entendimiento que esprime la correspondencia que se halla entre los objectos.» Diese Tätigkeit ist «el concepto», englisch «conceit». Vgl. hierzu Joseph A. Mazzeo: «Renaissance and Seventeenth Century Studies», New York/London 1964, p. 32 f.

John Donne

dissoziiert oder einheitlich sei, und Professor L. C. Knights wies nach, daß die Dissoziation schon bei Bacon angefangen habe.

Worum es Eliot geht, ist jedoch nicht schwer zu sehen. Er hatte die Metaphysicals in Harvard, wo man sie allgemein schätzte, kennengelernt, und er empfand sie als sich verwandt. Er war Philosoph, Kritiker, Dichter in einer Person, und er wollte das Ganze seines Wesens in der Dichtung darstellen; darum wollte er Dichtung, die mehr ist als bloßer Gefühlsausdruck und das Gedankliche verarbeitet. Er hielt sich jedoch nicht eigentlich für einen Revolutionär, sondern bemühte sich, vergessene Maßstäbe (s. S. 59) wiederaufzurichten. Deswegen zeigte er in seinem Essay, daß die Metaphysicals Shakespeare fortsetzten, und deswegen stellte er sich selbst in ihre Nachfolge:

In unserer gegenwärtigen Zivilsation muß Dichtung schwierig sein, weil der Dichter in ihr höchst Verschiedenartiges vereinen muß (a. a. O., p. 289). Eliot stellte sich eine Aufgabe, wie sie Donne bewältigt hatte, und damit versuchte er, sich in die große Tradition der englischen Literatur einzufügen, sie zu erneuern und zu bewahren.

Man könnte jedoch auch sagen: die gesamte englische Dichtung (der Roman bleibt hier außer Betracht) seit Milton und Dryden war vom rechten Pfad abgewichen, Eliot schlug ihn wieder ein. Er war revolutionärer, als er vielleicht dachte (jedenfalls wirkte er so), denn als große englische Dichtung galten zur Zeit seines Auftretens etwa Chaucer (dieser allerdings mehr honoris causa), Spenser, Shakespeare, Milton, die Vorromantiker und Romantiker, vor allem Shelley und Keats, dann die Viktorianer wie Rossetti, Browning, Tennyson, deren Art die sogenannten Georgian Poets fortzusetzen suchten. Eliot wußte sehr wohl, daß diese Konzeption auf den Wertungen maßgebender Kritiker beruhte; deswegen richtete er seine Attacken gegen sie: er korrigierte Johnson, allerdings mit Vorsicht und Respekt (denn er ist eine englische Institution); im Essay über Dryden streckte er Matthew Arnold, Walter Pater und William Hazlitt nieder. Arnold hatte von Dryden und Pope gesagt, daß ihre Dichtung aus dem «wit» und nicht aus der Seele stamme; Eliot verdächtigte ihn, in eigener Sache zu sprechen, da seine Gedichte *der Seele eines Oxforder Graduierten aus der Jahrhundertmitte* entsprängen. Paters Urteil über Dryden ist *billiger Journalismus,* und Hazlitt weiß überhaupt nicht, was Dichtung ist. Drydens Dichtung muß als Dichtung (und nicht als versifizierte Prosa, wie die Kritiker meinten) begriffen werden, weil, und nicht obwohl, sie voller «wit» ist; sie macht *Spaß* – und wem sie keinen Spaß macht, gibt Eliot zu verstehen, der sollte lieber gar nicht mitreden. (*S E*, p. 309–310)

Es überrascht, Dryden so gelobt zu sehen, da er doch anscheinend mitverantwortlich für die *dissociation of sensibility* zeichnet. Eliot gesteht auch zu, daß es ihm an Tiefe fehlte; trotzdem räumt er ihm seinen Platz ein. Er macht sich ein Vergnügen daraus, sein Vergnügen an der glatten Oberfläche zu betonen (so im Essay über Ben Jonson [*S E*, p. 155–156]); Milton hingegen, der als tief und wohl auch als seelenvoll galt, wird abgelehnt. Seinen Stil bezeichnet Eliot mit dem Wort *magniloquence* (*Andrew Marvell* [*S E*, p. 301]), das zwar mit Bombast oder Großsprecherei etwas zu negativ übersetzt würde, aber keinesfalls ein Kompliment ist. Sein Himmel und seine Hölle sind *große, aber ungenügend möblierte Räumlichkeiten, die von tiefgründiger Konversation erfüllt sind.* (*William Blake* [a. a. O., p. 321]) Dabei kommt anscheinend nicht viel heraus, denn noch 1935 heißt

Matthew Arnold

William Hazlitt

es, daß bei Milton hauptsächlich das *Geräusch* (*noise*) Vergnügen mache. (*Poetry*, p. 142)

Eliot wendet sich durchweg gegen die Romantik. Sie wollte, so behauptet er, Traumwelten schaffen, die nichts mit den *visionären Wirklichkeiten* Dantes gemeinsam hatten (*Andrew Marvell* [*S E*, p. 301]); sie verlor sich im Rausch, im bloßen Klang der Worte. Crashaw, der «Metaphysiker», wird zu seinem Vorteil mit Shelley und Keats verglichen: *Sein Vers ist, wie zu erwarten, viel reifer*, denn in ihm steckt *Gehirnarbeit*, die bei Shelley fehlt. (*A Note on Richard Crashaw* [*L A*, p. 119–120]) Eliot forderte stets die Beteiligung des kritischen Verstandes beim Dichten; deswegen zog er den intellektuellen Dryden dem «Töner» Milton vor, und deswegen bekämpfte er die Romantiker, denen er am liebsten jeden Verstand abgesprochen hätte.

Es überrascht darum, festzustellen, daß August Wilhelm von Schlegel sehr ähnlich dachte wie Eliot. Er fand bei Shakespeare, so wie bei jedem Genie, die «denkende Kraft» beteiligt und sagte, daß man ohne die «höchste Klarheit des Verstandes» überhaupt nicht dichten könne. («Vorlesungen über dramatische Kunst und Literatur», ed. Amoretti, II, S. 130) Shakespeare war in besonderem Maße die Entdeckung der Romantiker – wie stand Eliot zu ihm?

Shakespeares Drama – so wie überhaupt das der Elisabethaner – galt ihm als *unreine Kunst* (*impure art*), weil es der *Konventionen* entbehrte; es war weder eindeutig realistisch noch zur Genüge stilisiert. Auch fand er in ihm *schlechten Geschmack* und *mangelnde Sorgfalt: Es wäre eine lohnende Aufgabe, so gut wie jedes Elisabethanische Drama, die Shakespeares nicht ausgenommen, Zeile für Zeile durchzugehen* – um die «Fehler» anzustreichen. So schrieb Eliot im Februar 1924 (*Criterion* II); 1932 verkündete er in Harvard, die *drei Einheiten* seien *Gesetze,* denen an sich jeder Dramatiker folgen müsse (was einen schweren Tadel für Shakespeare impliziert). Aus alldem spricht Eliot der Klassizist, der Racines «Bérénice» als *große christliche Tragödie* bewundert (*Use,* p. 45 u. 41) – doch er überrascht im gleichen Zusammenhang mit der Einsicht, Shakespeare habe aus seinem vielfältigen Material vollkommene Kunstwerke geschaffen (a. a. O., p. 42–44; eben das sagte übrigens bereits A. W. von Schlegel). Er bezieht sich dabei unter anderem auf «Antonius und Cleopatra», ein Drama, das jeder Klassizist für «formlos» hält, und er nennt es sogar an anderer Stelle zusammen mit dem «Coriolanus» *Shakespeares künstlerisch gelungenstes Werk.* (*Wood,* p. 99)

Der Widerspruch ist nicht leicht aufzulösen. War Eliots Spürsinn für Qualität seinen klassizistischen Theorien überlegen? Er erklärte, Shakespeare als Dichtung so sehr zu *genießen* (*enjoy*), wie er überhaupt Dichtung zu genießen vermöge – sicher hat er seine Meisterschaft im Fügen von Worten, Klängen und Rhythmen erfaßt. Aber Eliot scheint doch unzufrieden: Shakespeares «Weltanschauung», seine *philosophy,* war ihm fremd. Er vergleicht sie, sehr zu ihrem Nachteil, mit der Dantes; zwar betont er mit Eifer, daß beide große, sehr große Dichter seien; aber die Philosophie, die Dante in Verse umsetzt, die scholastische des 13. Jahrhunderts, sei *groß und wahr,* hingegen die Shakespeares nicht. (*Shakespeare and the Stoicism of Seneca* [*S E,* p. 136–137])

Grundsätzlich ist es die Abneigung gegen eine ihm fremde Denkweise, die ihn zu dem berühmt-berüchtigten Urteil über Goethe veranlaßte: *Von Goethe sollte man vielleicht sagen, daß er in Dichtung und Philosophie herumpfuschte* (*dabbled*: die Übersetzung «pfuschte» ist vielleicht ein wenig zu hart), *ohne es in beidem sehr weit zu bringen.* (*Use,* p. 99) Das ist als ästhetisches Urteil gemeint; wenn wir aber lesen, daß für Eliot Goethe ähnlich ist wie Baudelaire und daß in beiden viel vom *veralteten Unsinn ihrer Zeit* steckte, dann bemerken wir, daß Eliot sehr wenig von Goethe verstand und daß er ihn nicht mochte. Er galt ihm als Vorwegnahme dessen, was um die Mitte des 19. Jahrhunderts einsetzte: *Betrieb, Programme, Rednertribünen, wissenschaftlicher Fortschritt, humanitäres Gerede, Revolutionen, die nichts besser machten, progressiver Verfall.* (*Baudelaire* [*S E,* p. 382 u. p. 389])

Goethe

Baudelaire verabscheute das alles, und darin sieht Eliot sein Hauptverdienst: als Dichter interessiert er wenig, und außerdem entstammt seine Dichtung unverkennbar der Romantik, was allein schon als Disqualifikation zu genügen scheint. Aber Baudelaire wußte, im Unterschied zu seinen Zeitgenossen und zu seinen ersten englischen Bewunderern, was Sünde ist: aus der Masse seiner Prosa zieht Eliot den Satz ans Tageslicht, der sein puritanisches Gemüt befriedigt: «La volupté unique et suprême de l'amour gît dans la certitude de faire le mal» (Das einzigartige und höchste Vergnügen an der Liebe besteht in dem Bewußtsein, das Böse zu tun) (a. a. O., p. 390–391).

Mit der Zeit freilich wurde Eliot toleranter, und wahrscheinlich entsprang seine Hamburger Goethe-Rede vom Jahre 1955 neuen Einsichten, und nicht nur der Notwendigkeit, etwas zum Lobe Goethes sagen zu müssen. Die Zeichnung, die er zum Beginn dieser Rede erwähnt, steht noch heute auf dem Kamin seines Arbeitszimmers bei Faber & Faber, nicht weit von einer Fotografie, die W. B. Yeats in hohem Alter darstellt. Yeats und Goethe haben mehr miteinander gemeinsam als Goethe und Baudelaire; beiden fehlte das

W. B. Yeats. Foto Howard Coster

Sündenbewußtsein puritanischer Prägung, beide waren dezidierte Nichtchristen, die sich der Kirche nicht einmal aus Konvention anpaßten. Yeats beschäftigte sich mit Okkultismus und Magie, und er sah keinen Unterschied zwischen Kunst und Religion, jedenfalls nicht den Wesensunterschied, auf dem Eliot insistierte, und außerdem war er (allerdings in seiner eigenen, sehr besonderen Weise), irischer Nationalist, während Eliot katholisch und europäisch dachte. Yeats und Eliot scheinen Wesensgegensätze, auch im äußeren Auftreten (auf eine nicht unmittelbar sichtbare Verwandtschaft wird noch weiter unten einzugehen sein), aber 1940, in seiner (schon auf S. 17 erwähnten) Gedächtnisrede, feierte Eliot Yeats als den größten Dichter der Epoche. Und er hat ihn offenbar tiefer verstanden als manche der damaligen Kritiker. Er zitiert ein Epigramm, das verschiedentlich Anstoß erregt hatte:

Der 75jährige

You think it horrible that lust and rage
Should dance attention upon my old age;
They were not such a plague when I was young:
What else have I to spur me into song?

[Ihr findet es scheußlich, daß Lust und Wut
Mein Alter tanzend begleiten;
Sie waren nicht so schlimm in meiner Jugend:
Was bleibt mir noch, mich zum Singen anzutreiben?]

Eliot sieht hier ausgesprochen, was die meisten älteren Menschen fühlen, aber nicht sagen, weil ihnen Yeats' *Klarheit, Ehrlichkeit und Kraft* abgeht. (*Poetry*, p. 257–258)

Diese Bewunderung, die ein wenig sehnsüchtigen Neid auf das dem eigenen Wesen Unerreichbare in sich birgt, empfand Eliot auch für Rudyard Kipling, dessen ausgewählte Gedichte er 1941 zusammen mit einer gründlichen Einleitung herausgab (*A Choice of Kipling's Verse*, vgl. *Poetry*, p. 228–251). Kipling erreichte, so wie Eliot es selbst wollte, eine zahlreiche und heterogene Leserschaft, sowohl mit seiner Prosa wie mit seinen Versen, die beide für Eliot auf dem gleichen hohen Niveau stehen (während normalerweise der Erzähler Gedichte nur nebenbei schreibt, a. a. O., p. 228). Zwar wollte Kipling nur «verse» und nicht «poetry» schreiben, ähnlich wie mancher andere, aber er schrieb «poetry», ohne für sich den Rang eines Dichters zu beanspruchen.

Eliot sah Kipling als Künstler, dem es in erster Linie – so wie ihm selbst – um die Sprache (*the craft of words*) ging, der aber – anders als Eliot – niemals grundsätzlich vom Problem der Form betroffen war. Das Verwandte und Fremde dieses Künstlers faszinierte – aber doch auch seine Weltanschauung, denn

Rudyard Kipling

Kipling war, so wie Eliot selbst, der Fürsprecher einer Zeit, die damals eben zerbrach, der Dichter des britischen Empire, der den weißen Mann zur Führung berufen sah. Deswegen steht Kipling heute bei fortschrittlichen Intellektuellen tief im Kurs; er ist als «Imperialist» verschrien, er gilt als einem rassischen Dünkel verfallen und womöglich gar als «Faschist».

Den Imperialismus verwarf Eliot nicht; auch Vergil und Dante waren Dichter des Reiches, einer Ordnung, die auf Hierarchie beruhte. Beide sind Klassiker, in Eliots geistigem Kosmos sind sie die Klassiker schlechthin, *reif* (*mature*) in ihrer Sprache und in ihrem Denken, universal, ohne die Reste des Provinziellen, die es verbieten, Shakespeare und das Elisabethanische Zeitalter klassisch zu nennen. (*What is a Classic?* [*Poetry*, p. 53 f]) Deswegen behauptet Eliot von Dante, in gewissem Sinne sei er außerordentlich leicht zu lesen. Und dies eben deswegen, weil er, wie es nach manchem Hin und Her, nach verschiedenen Restriktionen und Modifikationen, heißt, der universalste Dichter in den modernen Sprachen sei, zwar nicht größer, auch nicht reicher und umfassender als Shakespeare, aber doch weniger orts- und zeitgebunden, lateinischer, europäischer, und daher – das wird nicht gesagt, aber läßt sich mit Sicherheit folgern – wahrhaft klassisch, allen Menschen, dem Menschen an sich, zugänglich. (*Dante* [*S E*, p. 238–239])

Aber trifft das zu? Shakespeare wird heute überall geschätzt, gelesen und gespielt, unabhängig von Philosophie, Religion, Hautfarbe und Weltanschauung. Eliot spricht von seinem katholisch-klassischen (und eher noch klassizistischem) Standpunkt aus, der, wie man nicht umhin kann zu sagen, in der gegenwärtigen Situation eher partikular ist als universal.

KONVERSION

Die Frage, ob und wieweit man einen Autor genießen könne, dessen Denkweise einem nicht zusagt, hat Eliot verschiedentlich beschäftigt. In seinen Vorlesungen über den Nutzen der Dichtung usw. trug er vor, was ihm als Lösung des Problems erschien.

Wenn das in einem Gedicht enthaltene Gedankengut (*Lehre, Theorie, Glaube, «Weltanschauung» = «view of life»*) dem Leser als in sich *stimmig (coherent), reif (mature) und mit den Tatsachen der Erfahrung übereinstimmend vorkommt, dann stellt es dem Genuß kein Hindernis entgegen. Macht es jedoch den Eindruck des Kindischen und Schwachsinnigen, dann wird der Leser, dessen Geist vollentwickelt ist, wahrscheinlich ganz und gar abgestoßen werden.* (*Use*, p. 96) Das sagte Eliot à propos von Shelley, für den er sich in seiner ersten Jugend begeistert hatte; damals aber hielt er (und anscheinend auch später noch) seine Ideen für jünglingshaft, fand sie sogar *widerwärtig* (*repellent*); darum war es ihm kaum möglich, Shelley als Dichter zu genießen.

Reife (*maturity*) ist nach Eliot die hervorragende Eigenschaft des Klassikers (vgl. *What is a Classic?*, passim). Woher nimmt er das Kriterium dafür? Eliot schrieb sich selbst – implicite – einen reifen und vollentwickelten Geist zu, als er Shelley verurteilte, aber er setzte, seiner Intention nach, nicht sein eigenes, subjektives Urteil zum Maßstab, sondern meinte, sich im Einklang mit allgemeinen Normen zu befinden; er stützte sich auf eine Tradition, in der sich die Wahrheit konservierte und lebendig erhielt. Diese Tradition war die des Christentums, zu dem er sich seit 1928 bekannte. (*L A*, Preface)

Eliots Bekehrung entsprang, wie er nachdrücklich zu verstehen gab, nicht dem bloßen Gefühl, sondern war das Ergebnis einer rationalen Entscheidung:

Die meisten Leute meinen, daß manche Leute ein unglaubwürdiges Dogma schlucken, oder zu schlucken vorgeben, weil sie den Luxus christlicher Gefühle oder das Erregende des christlichen Ritus genießen. Für manche ist der Vorgang genau umgekehrt. Die rationale Zustimmung kommt vielleicht spät, die intellektuelle Überzeugung kommt vielleicht langsam, aber sie kommen unvermeidlich, ohne der Redlichkeit und der Natur Gewalt anzutun.

Diese Sätze stehen am Schluß des Aufsatzes *Second Thoughts about Humanism*, der 1929 publiziert wurde und zusammen mit *The Humanism of Irving Babbitt* vom Jahre 1927 Zeugnis für Eliots Konversion gibt. (Beide in *S E*, das Zitat oben auf p. 453, im folgenden zitiert als *Humanism* und *Second Thoughts*.) Auch Babbitt ging es bei seinem Humanismus um allgemeine Maßstäbe; er machte das, was dem Menschen als Menschen gemäß ist, zur Norm. Aber Eliot fand kein Genügen daran, und es gelang ihm, obwohl er in beiden Aufsätzen sich eher um Klarheit bemühte als eine klarerworbene Position auslegte, drei Fragen zu finden und teilweise zu beantworten, die den Nerv des Problems treffen. Sie lassen sich sinngemäß so formulieren: 1. Ist der Humanismus Religionsersatz, oder gar eine Ersatzreligion? 2. Bedarf er zu seinem eigenen Dasein der Religion, vor allem des Christentums? 3. Wird der Mensch nicht erst dadurch Mensch, daß er das Übermenschliche erkennt?

Die dritte Frage ist die wichtigste; die beiden anderen ordnen sich ihr unter und müssen von ihr aus begriffen werden. Eliot sagt apodiktisch: *Der Mensch ist deswegen Mensch, weil er übernatürliche*

Percy Bysshe Shelley

Wirklichkeiten erkennen, nicht weil er sie erfinden kann... Wenn man von dem Worte «menschlich» («human») all das wegnimmt, was der Glaube an das Übernatürliche dem Menschen gegeben hat, dann kann man ihn letztlich als nichts anderes als ein außerordentlich schlaues (clever), anpassungsfähiges und boshaftes kleines Lebewesen ansehen. (*Second Thoughts* [*S E*, p. 447]) Der Mensch wird dadurch menschlich, daß er das begreift, was ihn übersteigt: also das Transzendente. (Eliot, der eine philosophische Fachsprache vermeidet, spricht vom *«Übernatürlichen» = «supernatural»*.) Etwas von dieser Wahrheit wußte auch Babbitt, denn er sprach von der «inneren Kontrolle» (inner control oder inner check): dadurch, daß der Mensch sich kontrolliert, tritt er über das Nur-Natürliche, Spontane hinaus – aber wohin? *Zu welchem Zwecke sollen sich diese Millionen, selbst nur diese Tausende, oder die verbleibenden paar intelligenten Hunderte kontrollieren?* Babbitt wußte, daß reine Rationalität dem Menschen nicht genügt, daß er «irgendwie» einer «Begeisterung» («enthusiasm») bedarf, «die ihn über sein bloß-rationales Selbst hinaushebt». *Aber*, sagt Eliot, *es wird nicht klar, ob Mr. Babbitt eine andere Begeisterung anbieten kann als die Begeisterung, um irgendeiner Begeisterung willen über das bloß-rationale Selbst hinausgehoben zu werden.* (*Humanism* [*S E*, p. 439]) Es fehlt dem Humanismus an dem, was er zu geben bestrebt ist: an der verbindlichen Norm. Darum borgt er sich seine Normen bei der Religion aus. Babbitt orientiert sich an Konfuzius, Buddha, Sokrates; die ersten beiden gelten gewöhnlich als Religionsstifter, auf jeden Fall gewann ihre Lehre dadurch Macht, daß sie zur Religion wurde (also das Übernatürliche anerkannte); und Sokrates ließ, wie Platon berichtet, bei seinem Tode dem Asklepios einen Hahn opfern – *das wäre so, als empfinge Professor Babbitt die letzte Ölung, und das kann ich mir gegenwärtig nicht vorstellen.* (*Humanism* [*S E*, p. 436]). Babbitt hat sich aus seinen Meistern das herausgenommen, was ihm zusagt, und das gleicht in beängstigender Weise (*alarmingly*) der liberalen protestantischen Theologie des letzten Jahrhunderts. *Daher ist sein Humanismus ein Produkt, sogar ein Nebenprodukt, der protestantischen Theologie in ihren letzten Zuckungen* (a. a. O., p. 436–437). Norman Foerster, ein Anhänger Babbitts, hält sich an «die griechische Plastik» – *aus welcher Epoche?* fragt Eliot dazwischen – «Homer, Sophokles, Platon, Aristoteles, Vergil, Horaz, Jesus, Paulus, Augustin, Franz von Assisi, Buddha, Konfuzius, Shakespeare, Milton, Goethe» – *wenn man aber Horaz, die Elgin Marbles, Franz von Assisi und Goethe auskocht, dann erhält man eine ziemlich dünne Suppe.* (*Second Thoughts* [*S E*, p. 449]) Der Humanismus gibt nur eine allgemeine Menschlichkeit, die vage und daher ganz unverbindlich ist. Wer könnte sich nach all den von Foerster aufgestellten Autoritäten zugleich richten? Wenn aber diese vage Menschlichkeit den Charakter des Allgemeinverbindlichen beansprucht, dann entsteht eine Pseudoreligion. Der Humanismus gebärdet sich zwar kritisch und undogmatisch, weil er dem, das die Religion eigentlich ausmacht, dem Übernatürlichen und Transzendenten, die Anerkennung verweigert. Aber darin steckt ein Dogmatismus, der sich nur nicht als solchen versteht: *Das Credo des Humanisten ist das Dubito.* Und er wagt sich nur deswegen nicht über das *Dubito* hinaus, weil er von Religion nichts versteht. (*Second Thoughts* [*S E*, p. 446]) Und ähnelt nicht diese humanistische Ersatzreligion doch dem humanitären Denken (humanitarianism), das Babbitt so scharf kritisierte? Sind die Humanisten nicht doch, ohne es zu bemerken, Anhänger Rousseaus und Romantiker? Sie glauben daran, aus eigener Kraft zum Heil zu gelangen, sie vertrauen ihrer Ratio und der durch sie ausgeübten Kontrolle, und wissen dabei nichts vom Bösen und von der Sünde (a. a. O., p. 452).

Hier wird deutlich, warum Eliot seine Konversion als einen Akt der rationalen Zustimmung verstand. Er begriff den Menschen als sündig, das heißt als unvollkommen: da aber die Erkenntnis der Unvollkommenheit logisch das Wissen von Vollkommenheit voraussetzt, ergab sich die Folgerung, sich dem Vollkommenen selbst zuzuwenden. Das nun geschieht nicht durch die rein menschlichen Mittel der Reflexion und des Denkens, auch nicht durch ein bloßes Glauben, sondern allein auf die Weise, daß der Mensch über sich hinaustritt, indem er betet und am Kultus teilnimmt.

Es waren jedoch nicht nur Argumente zwingender Logik, die Eliot zur Kirche führten. Wenn wir zugeben, daß sich die Unvollkommenheit des Menschen als eines seiner unabänderlichen Wesensmerkmale erkennen läßt, so folgt doch daraus nicht, daß man sich zum Christentum bekehren (oder gar, wie Eliot, der Church of England beitreten) muß. Denn Unvollkommenheit ist nicht dasselbe wie

Sünde. Buddha erblickte die Unvollkommenheit im Nicht-Wissen, deswegen lehrte er den heiligen Pfad der Befreiung, den seine Schüler denkend nachvollziehen. Die Sünde dagegen besteht in einer Auflehnung gegen Gott, die im Paradies begann und noch heute andauert; sie kann nicht durch Denken, sondern allein durch die Zwischenkunft des Erlösers überwunden werden. So fällt der eine rational nicht aufklärbare Entscheidung, der sich dem Christentum anvertraut. Das hätte wohl auch Eliot kaum bestritten. Das bedeutet aber auch, daß die Sünde nicht in der Weise wie die Unvollkommenheit erkannt, sondern gefühlt wird, und die Sünde ist offenbar etwas, das nur bestimmte Menschen fühlen, nur die, die schon von vornherein zum Christentum berufen sind oder, um es weniger theologisch zu sagen, die schon von vornherein die christliche Lehre als wahr erfahren und angenommen haben.

Charles Baudelaire.
Fotografie von Nadar, 1859

Eliot selbst sprach in seiner Rede über Goethe (*Poetry*, p. 209, vgl. S. 31 f) von seinem calvinistischen Geisteserbe und seinem puritanischen Temperament. Es bedarf keines detaillierten Nachweises, daß im Puritanismus das Gefühl für die Sünde besonders stark ausgeprägt war und noch ist, viel stärker als in der katholischen Welt, wo man leichter mit der Sünde fertig wird. Ebenso gibt es im Puritanismus ein ungewöhnlich tiefes Erleben des radikal Bösen, das auch noch dort nachwirkt, wo die puritanische Religiosität als solche verschwunden ist – etwa in den Romanen von Henry James. Und auch in den Gedichten Eliots, die vor seiner Bekehrung geschrieben wurden: im *Waste Land* ist das Sexuelle, das den zweiten und dritten Teil beherrscht, prinzipiell böse, es ist die leere, sinnlose Lust. Gerade aber am Sexus entzündete sich das puritanische Sündengefühl.

Eliots Entscheidung für das Christentum wurde ohne Zweifel durch sein puritanisch-calvinistisches Erbe mitbestimmt. Zum Puritanismus, den schon seine unmittelbaren Vorfahren aufgegeben hatten (sie waren Unitarier), kehrte er nicht zurück, und das erklärt sich aus seiner Neigung zum Klassischen und Allgemeingültigen. Den vom Puritanismus geprägten Kirchen und Gemeinden wohnt ein Element des Kleinbürgerlich-Provinziellen inne, das sich dem amerikanischen Leben überhaupt mitgeteilt hat. Davon fühlte Eliot sich abgestoßen; um ihm zu entgehen, ließ er sich in Europa nieder, wohin ihn schon Harvard und besonders Irving Babbitt gewiesen hatten. Manchmal wird deutlich, daß ihm sogar England zu provinziell war; er liebte das Lateinische und Romanische, und er ergriff nicht selten Gelegenheit, englischen Geist und seine Lebensformen als eng und unterentwickelt zu brandmarken. Mancher kultivierte Engländer betrachtet seine Nation in dieser Weise kritisch (was sich auch dahingehend auswirkt, daß man französischen Stil pflegt, einschließlich der französischen Küche), und Eliot trat schon sehr früh als kultivierter Engländer auf. Er pries Andrew Marvell seiner Verwandtschaft mit Catull wegen, und er attackierte die Baudelaire-Übersetzung von Arthur Symons – der doch an sich, sollte man meinen, zur Genüge gallisiert und romanisiert war. Aber – und hier zeigt sich, daß Eliots religiöse Neigungen mit seinen literarischen zusammenstimmen – er wußte nicht, was Sünde, Laster und Blasphemie sind, er spielte nur damit wie ein Kind: ähnlich wie Huysmans (der Autor von «Là-Bas»), der jedoch, obwohl auch nur ein Kind, einen großen Vorzug gegenüber Symons hat: *Mr. Symons erweist sich als ein kindischeres Kind als Huysmans, und zwar allein deswegen, weil ein kindischer Engländer – protestantisch erzogen – sich immer als kindischer erweist als ein kindischer Franzose, der römisch* (römisch-katholisch) *erzogen ist.* Huysmans ist *«mittelalterlicher»* und *viel menschlicher – wir* (d. h. Eliot selbst) *sind heute in der Lage, den sehr traditionellen Charakter von Baudelaires Dichtung zu würdigen; wir sind näher an Racine als Mr. Symons ... (Baudelaire in Our Time* [*L A*, p. 92–93])

So schien für ihn die Kirche geeignet, die als Römische die Tradition des alten Imperiums weiterführt, die vorwiegend auf dem Boden der Romania gedeiht und zugleich schon mit dem Namen der Katholischen Anspruch auf Universalität erhebt. Damit aber hätte er den Bereich des Englischen überschritten, und ihn empfand er doch als sich gemäß. Darum wählte er die englische Staatskirche, die Church of England (die auch «Established Church» heißt).

Sie entstand, als sich Heinrich VIII. von Rom trennte, indem er die Oberhoheit des Papstes nicht mehr anerkannte und sich selbst

Heinrich VIII. Gemälde von Hans Holbein d. J.
Rom, Galleria Nazionale

zum Haupt der englischen Kirche machte. Im Laufe der Jahrhunderte haben sich viele Engländer von ihr gelöst und eigene Kirchen aufgemacht (z. B. die Methodisten), und die Staatskirche ist heute ein – man darf sagen: typisch englisches – Konglomerat von verschiedenartigen Richtungen: die sogenannte «Low Church» hat protestantischen Charakter, die «High Church» wahrt katholische Elemente in Lehre und Ritus. (Es gibt auch so etwas wie eine «Middle Church».) Eine spezielle Richtung der «High Church» versteht sich als der «Zweig» (branch, daher branch theory) der Katholischen (= Allgemeinen) Kirche in England. Ihr gehörte Eliot an, womit er einen – wiederum recht englischen – Kompromiß zwischen Katholizität und Anglizität erreichte.

Theologisch läßt sich der Anglo-Katholizismus nicht leicht rechtfertigen, obwohl es gute Gründe gibt, die Oberhoheit Roms nicht als für alle Fälle bindend zu betrachten. Eliot verzichtete darauf, seine Position mit theologischen Argumenten abzusichern, erklärte jedoch in dem Essay *Thoughts After Lambeth* (1930) kategorisch: *Wenn England jemals in spürbarem Maß christianisiert werden kann, dann nur durch die Church of England.* Sie war für ihn die *Katholische*

Kirche in England, wohingegen er die Römische Kirche in England *mit allem gebührenden Respekt* als *Sekte* bezeichnete. (*S E*, p. 373, 371, 372)

Wie der eben zitierte Satz zu verstehen gibt, wußte Eliot, daß England heute nicht als christliches Land gelten kann (worin es sich von anderen europäischen Ländern nicht unterscheidet, und wenn, dann nur dem Grade, nicht dem Wesen nach). Das Christentum, das sich mit seiner Botschaft an alle wendet, ist heute zu einer Sache von wenigen geworden. Er sieht in dieser Situation einen Vorteil. Das Scheinchristentum verschwindet, es ist nicht mehr eine Sache der bürgerlichen Wohlanständigkeit (*respectability*), vielmehr gehört es zum guten Ton, an andere Dogmen zu glauben: *Die Welt ist mit dem Versuch beschäftigt, eine Kultur ohne Christentum zu schaffen. Dieser Versuch wird nicht gelingen; aber wir müssen sein Scheitern mit Geduld erwarten und inzwischen die Zeitlichkeit erlösen: so daß der Glaube in den dunklen Jahrhunderten, die vor uns liegen, lebendig bleibt, um die Kultur zu erneuern und wieder zu bauen und die Welt vor Selbstmord zu erretten* (a. a. O., p. 337).

Es bleibe dahingestellt, ob Eliot die gegenwärtige Situation mit den gleichen Worten beurteilen würde: damals fühlte er sich als Christ unbürgerlich und, mit Genugtuung, unmodern. Es kam ihm jedoch darauf an, Mitglied einer Kirche zu sein, die nicht nur glaubte, sondern auch formte – die ihre spezifische Glaubensart zum Monument prägte. Diesen Anspruch erfüllte die Church of England; zwar hatte sie keinen Dante, keinen Thomas von Aquin, keinen San Juan de la Cruz hervorgebracht, aber die St. Paul's Cathedral in London steht nicht viel hinter dem Petersdom zurück, und ihr Architekt, Sir Christopher Wren, hat London mit einer Reihe von Kirchen geschmückt (den sogenannten city churches, von denen leider viele im letzten Krieg zerstört wurden), die den Vergleich mit italienischen Bauwerken aushalten. In der Zeit, da sich die Church of England eigentlich formierte und ihr Wesen fand, unter Elizabeth I. und zu Beginn des 17. Jahrhunderts, hatte sie ihren Dichter in George Herbert, ihre Denker in Thomas Hooker und im Bischof Lancelot Andrewes, den Eliot in einem bekenntnishaften Essay feierte. (Vgl. den Band von 1928, der den Titel *For Lancelot Andrewes* trägt, der Essay, dem das eben erwähnte entnommen ist, nunmehr in *S E*, p. 331–343.)

Eliot zeichnet Lancelot Andrewes, der am 15. September 1626 als Bischof von Winchester starb, als den idealen Anglikaner, ja geradezu als den idealen Engländer seiner Epoche. Er war ein großer Beter, ein gründlicher und belesener Theologe, und er verfügte dazu über die Bildung und Gelehrsamkeit der Renaissance, über den Schliff

London: St. Paul's Cathedral

London: St. Botolph, Bishopsgate

des Humanisten. Seine Predigten gehören zum Besten, was die englische Prosa an Schätzen aufweist; zusammen mit Hooker, den ähnliche Tugenden auszeichneten, befreite Andrewes die englische Kirche aus ihrem Dasein als *ortsgebundene ketzerische Sekte*: er und Hooker waren englische Katholiken. Latimer, der vor Heinrich VIII. predigte, war *lediglich Protestant* (a. a. O., p. 333 f).

In Lancelot Andrewes vereinigten sich *Verstand und Empfinden* (*intellect and sensibility*) zu harmonischem Einklang. – Diese Formel erinnert an Donne, von dem sich Eliot jedoch in der Zwischenzeit abgewandt hatte; zwar war auch Donne, der nach weltlich-agnostischer Jugend zum Anglikanismus konvertierte, als Dean of St. Paul's ein berühmter Prediger; aber Eliot findet ihn, mit Andrewes verglichen, zu *persönlich*, seine Predigten sind *«ein Mittel des Selbstausdrucks»*, und er scheint sogar ein wenig *mit Huysmans verwandt*: Andrewes dagegen ist *mittelalterlicher, reiner*, noch eng mit der Tradition der alten Kirche verbunden (a. a. O., p. 341–342).

Von Lancelot Andrewes geleitet, fand Eliot in der Church of England den Ort, wo er bleiben konnte. Es hat den Anschein, als habe er sich schon früh auf ihn zu bewegt, ohne sofort das Ziel vor Augen zu haben. *Zu jeder tiefen Überzeugung wird man allmählich ge-*

bracht, sagte er selbst im Hinblick auf seine Konversion. («Listener», März 1932) Der Weg wirkte wie klar vorgezeichnet, als er zurückgelegt war; aber auch Eliots Konversion war, wie das Wort selbst andeutet, eine Umkehr, ein Bekehrt- und Umgekehrtwerden. Davon redet seine Dichtung vernehmlicher als seine Prosa.

The Hollow Men (1925) zeigt an, daß der Dichter des *Waste Land* nach etwas Neuem sucht, daß er das Inferno des 20. Jahrhunderts verlassen möchte. Es ist das tote Land, das Kaktusland, in dem *wir, die hohlen Menschen,* kraftlos aneinanderlehnen wie Vogelscheuchen auf einem herbstlich-dürren Feld:

Our dried voices, when
We whisper together
Are quiet and meaningless
As wind in dry grass
Or rats' feet over broken glass
In our dry cellar

Unsre vertrockneten Stimmen, wenn
Wir miteinander flüstern
Sind ruhig und ohne Sinn
Wie Wind im trocknen Gras

London: St. Mary le Bow, Cheapside

London: St. Bride's, Fleet Street

Oder Rattenfüße über zerbrochenem Glas
In unserm trocknen Keller

(p. 87)

Dieses tote Land grenzt an einen Strom, an dessen jenseitigem Ufer sich ein anderes Land zeigt:

There, the eyes are
Sunlight on a broken column
There, is a tree swinging
And voices are
In the wind's singing
More distant and more solemn
Than a fading star.

Dort, sind die Augen
Sonnenlicht auf zerbrochner Säule
Dort, wiegt sich ein Baum
Und Stimmen sind
Im Singen des Windes
Ferner und feierlicher
Als ein schwindender Stern.

(p. 87–88)

Jenes Land ist das Reich des Todes, *death's other Kingdom, death's dream kingdom,* wo das Sterben sich in Leben verwandelt; dort gibt es die *vielblättrige Rose* (*multifoliate rose*):

The hope only
Of empty men

Die Hoffnung allein
Der leeren Menschen

(p. 89)

Eliot spricht hier die symbolische Sprache des Mythos, die er schon im *Waste Law* zu verwenden gelernt hatte. Die beiden Länder, das diesseitige und das jenseitige, der trennende Strom, den der Sterbende überschreitet, um gänzlich vernichtet zu neuem Leben zu erwachen: die Rose, die das Zentrum des Seins, Ursprung und aufnehmendes Bergen zugleich bedeutet – das sind Bilder der mythischen Imagination, wie wir sie überall antreffen.

Eliot gibt seinem Gedicht jedoch zum Schluß eine spezifisch christliche Wendung, indem er das Bild einer Fahrt über den Strom durch

Lancelot Andrewes

Worte aus dem Vaterunser ersetzt: der Abgrund, der den Menschen von Gott trennt, soll durch die Worte des Gebets «überbrückt» werden:

Between the idea
And the reality
Between the motion
And the act
Falls the Shadow
For Thine is the kingdom

Zwischen die Idee
Und die Wirklichkeit
Zwischen die Regung
Und die Tat
Fällt der Schatten
Denn Dein ist das Reich

Aber die Stimme des Betenden dringt nicht zu ihrem Ziel vor; sie wird von einem Tode, der kein neues Leben erstehen läßt, verschluckt:

This is the way the world ends
This is the way the world ends
This is the way the world ends
Not with a bang but a whimper.

(p. 90)

So endet die Welt: nicht mit einem Knall, sondern mit einem Jammerlaut. Die hohlen Menschen wissen zwar die Richtung, aber sie erreichen nicht, was sie suchen und brauchen. So ist dieses Gedicht ein «Übergang» in mehr als einem Sinne[1]; *Ash-Wednesday* (1930) spricht, wenn auch nicht von einem endgültigen Erreichen, so doch von der Gewißheit, daß das Ziel erreicht werden kann.

Ash-Wednesday ist, ähnlich wie *The Waste Land*, ein Zyklus; seine einzelnen Teile stellen in verschiedenen Bildern den Vorgang der Konversion, der Umkehr und des Verwandeltwerdens dar. Im zweiten Teil erhebt sich aus der gänzlichen Vernichtung ein neuer Klang:

Lady, three white leopards sat under a juniper-tree
In the cool of the day, having fed to satiety
On my legs my heart my liver und that which had been contained
In the hollow round of my skull. And God said
Shall these bones live? shall these
Bones live? And that which had been contained
In the bones (which were already dry) said chirping:
Because of the goodness of this Lady
And because of her loveliness, and because
She honours the Virgin in meditation,
We shine with brightness.

Dame, drei weiße Leoparden saßen unter einem Wacholderbaum
In der Kühle des Tags, sie hatten sich gesättigt
An meinen Beinen, meinem Herzen, meiner Leber und dem, was enthalten war
Im hohlen Rund meines Schädels. Und Gott sprach
Sollen diese Gebeine leben? Sollen diese

1 Wie sehr *The Hollow Men* ein Gedicht des Übergangs und des Übergangsversuchs ist, zeigen die verschiedenen (gedruckten) Fassungen, bzw. die verschiedenen Zusammenstellungen der einzelnen Teile. Vgl. dazu D. E S. Maxwell: «The Poetry of T. S. Eliot», 1952, Kap. VIII.

Gebeine leben? – Und das was beschlossen war
In den Gebeinen (die schon trocken waren) sagte zirpend:
Wegen der Güte dieser Dame
Und wegen ihrer Lieblichkeit, und weil sie
Die Jungfrau in Andacht ehrt,
Scheinen wir in Helligkeit.

(p. 95)

Das ist noch einmal die Sprache des Mythos, des Märchens sogar – der deutsche Leser erinnert sich wohl an Grimms Märchen vom singenden Knochen und vom Machandelboom –, sie nimmt Themen von *The Hollow Men* auf (Trockenheit, hohler Schädel) und reichert sich mit Reminiszenzen aus Dante und aus der Bibel an, so daß dieses Gedicht die Konversion zum christlichen Leben auszusagen vermag. In den *Ariel Poems*, die auf *Ash-Wednesday* folgten, besonders in *Journey of the Magi* und *A Song for Simeon*, setzt sich das mythische Motiv von Tod, Verwandlung und Wiedergeburt fort, zugleich tritt der christliche Gehalt noch deutlicher hervor. Sie führen zu den *Four Quartets*, Eliots letztem Gedicht, mit dem er sein Publikum überraschte, denn in den dreißiger Jahren sah man in ihm mehr den Kulturkritiker als den Dichter.

KULTURKRITIK

In der Gewißheit seiner christlichen Überzeugung fühlte sich Eliot stark genug, der Welt zu zeigen, was richtig und was falsch ist. So hielt er 1933 an der Universität von Virginia eine Reihe von Vorlesungen mit dem Titel *After Strange Gods*, die er im Jahre darauf als ein *Elementarbuch moderner Irrlehren* (*A Primer of Modern Heresy*) publizierte. Er kritisierte darin verschiedene seiner berühmten Zeitgenossen – D. H. Lawrence, W. B. Yeats, Thomas Hardy und auch Ezra Pound – als Ketzer, die von der rechten Lehre entweder abgefallen waren oder sie nie besessen hatten. Ihre *künstlerischen Fähigkeiten* glaubte er nicht mit Sicherheit beurteilen zu können: er stand als *Moralist* auf dem Katheder (a. a. O., p. 12). Im März 1939 sprach er in Cambridge darüber, wie eine christliche Gesellschaft aussehen müsse (*The Idea of a Christian Society*); diese drei Vorlesungen erschienen im Oktober des gleichen Jahres, kurz nach Kriegsausbruch also, zusammen mit einer Reihe von Anmerkungen, in denen er sich mit gängigen Meinungen detailliert auseinandersetzte. 1948 endlich veröffentlichte er seine *Notes Towards the Definition of Culture*: Gedanken, die dazu beitragen sollten, den Begriff der Kultur so zu definieren, daß er in Zukunft nicht mehr leichtfertig und ohne klare Bedeutung angewendet werden konnte.

Im Titel dieser Schrift zeigt sich die von Irving Babbitt übernommene Leidenschaft für die Definition, die sich durch sein ganzes essayistisches und insbesondere durch sein kulturkritisches Werk hindurchzieht. Ein Wort wie Kultur ist ausgelaugt; Politiker führen es im Mund, ohne sich dabei etwas zu denken (Eliot hat niemals eine hohe Meinung von der Intelligenz und der intellektuellen Redlichkeit führender Staatsmänner), es wird im breiigen Geschwätz der Konferenzen, in den Statuten der UNESCO verrührt (vgl. *Notes*, p. 14 f): darum müssen wir uns Rechenschaft darüber ablegen, was es bedeutet, was wir damit sagen wollen und dürfen. Dabei gibt Eliot, wenn auch bescheiden verklausuliert, zu verstehen, daß er weiß, was Kultur ist, welcher Art *die wesentlichen Bedingungen für das Wachstum und das Überleben der Kultur* sind. Wenn der Leser anderer Meinung ist, *wenn es ihn beispielsweise schockiert, daß Kultur und Egalitätsdenken einander widerstreiten*, dann braucht er seine Überzeugungen nicht zu ändern: *Ich bitte ihn lediglich, künftig nicht mehr so zu tun, als ob er für Kultur wäre* (*I merely ask him to stop paying lip-service to culture*). (a. a. O., p. 16) In diesem Satz steckt eine unüberhörbare Arroganz, die den Amerikaner R. H. Robbins so aufbrachte, daß er sich daran begab, den «Eliot-Mythos» zu zerstören.

Nun ermangeln freilich Eliots eigene Definitionsversuche der Genauigkeit und Stringenz, die man bei einem solchen Tun erwartet. In *After Strange Gods* jongliert er mehrere Seiten lang mit den Begriffen *Orthodoxie, Heterodoxie, Klassik, Romantik, Tradition* (a. a. O., p. 21 f), ohne vor allem klarzumachen, was als Orthodoxie oder Rechtgläubigkeit zu verstehen ist, und es ficht ihn anscheinend wenig an, daß es im Bereiche des Christentums allein viele religiöse Gemeinschaften gibt, die jede von sich behaupten, den rechten Glauben, die reine Lehre zu verkünden. Darum wird seine Kritik sehr persönlich, und mancher Leser, gerade mancher christliche Leser, wird mit Staunen feststellen, daß James Joyce der am *meisten ethisch orthodoxe unter den hervorragenden Schriftstellern dieser Zeit*, daß *sein Werk von christlichem Gefühl durchdrungen ist* (a. a. O., p. 38 u. p. 48). Eliot empfand für Joyce, sowie auch für Joseph Conrad, große Sympathie, was aber das fundamental Christliche des «Ulysses» ausmacht, das herauszufinden überläßt er uns.

Auch seine Definition des Begriffes Kultur (den er mit *civilization* synonym gebraucht) befriedigt nicht völlig. Im ersten Kapitel der *Notes* setzt er an und unterscheidet drei Bedeutungen (*The Three*

Senses of Culture): Kultur kann ein Einzelner, eine Gruppe oder Klasse, oder eine ganze Gesellschaft (*society*) haben. Das wird man nicht abstreiten, ebensowenig, daß die Kultur des Einzelnen und der Klasse (oder Gruppe) mit der der ganzen Gesellschaft in Zusammenhang steht, daß Kultur ein *Übergreifen und Teilhaben* verlangt. Damit wissen wir aber noch immer nicht, was Kultur eigentlich ist, und Eliot gelangt schließlich zu der etwas mageren Behauptung: *Sie* (die Kultur) *umfaßt alle charakteristischen Tätigkeiten eines Volkes*, und dann zählt er eine Liste von Dingen auf, welche speziell die englische Kultur ausmachen, darunter Derby Day, die Regatta von Henley (wo Oxford und Cambridge im Achter miteinander wetteifern) und endlich auch *gekochten, viereckig abgeteilten Kohl, rote Beete in Essig, neugotische Kirchen und die Musik von Elgar* (p. 31). Könnte man aber nicht auch auf den Gedanken verfallen, daß der gekochte, im Wasser ersäufte Kohl, den der Küchenchef mit einem stumpfen Messer in gleichmäßige Vierecke zerschneidet, um sie mit teilnahmslosem Schwung auf die Teller der Gäste zu befördern, eher den Mangel an Kultur zeigt, den Mangel an Eßkultur nämlich? Der junge Eliot soll den Engländern auf Grund ihres Essens prinzipiell jede Kultur abgesprochen haben: damals war er, wenn auch übertreibend, der Wahrheit näher als in den *Notes*, wo Kultur soviel bedeutet wie *way of life*, die Lebensweise eines Volkes (wie es auf p. 41 ausdrücklich heißt). Gibt es nicht «ways of life», die kultiviert, und solche, die unkultiviert sind? Und ferner: müßte man sich um das Fortbestehen der Kultur sorgen, wenn sie nichts anderes wäre als dies? In einer bestimmten Weise leben werden die Menschen wohl auch noch in tausend Jahren (wenn sie dann überhaupt noch leben), ob aber Eliot, könnte er dann noch einmal unseren Planeten besichtigen, diese Lebensweise als kultiviert bezeichnen würde, ist sehr fraglich.

Sobald sich Eliot anschickt, systematisch zu denken, verfällt er einer seltsamen Vagheit, die das Lesen seiner Schriften beschwerlich macht. Aber diese Vagheit hat auch ihre Vorzüge. In ihr äußert sich ein Mensch, der zwar selbst seiner Sache unsicher ist, der aber auch die Unsicherheit der anderen spürt und sich weigert, komplizierte Sachverhalte zu vereinfachen. Eliots Stärke ist das Fragen und das Negieren, das bedächtige Auflösen dessen, was gewiß scheint, aber nur für den augenblicklichen Bedarf zur Pseudo-Gewißheit umgefälscht ist. Er sagt nur sehr ungenau, wie eine christliche Gesellschaft aussehen müßte, aber er gibt zu verstehen, daß sie auf jeden Fall anders aussehen müßte als die heutige, und er läßt keinen Zweifel darüber, daß die englische demokratische Gesellschaft nicht deswegen christlich ist, weil sie ihre christlichen Mitglieder nicht an der Ausübung ihrer Religion behindert. (*Idea*, p. 20 f) Er spricht mit ironischer Distanziertheit über ein Manifest, das den Katalog einer Ausstellung einleitet: das Thema war die «Einheit der Künstler für Frieden, Demokratie und kulturelle Entwicklung». Für Eliot hatte dieses Manifest ein *klinisches Interesse*, und er schrieb im *Criterion* XVII vom Oktober 1937: *Wir brauchen nicht zuzugestehen, daß ... alle guten Menschen ... liberal denken; und wenn es gute Menschen gibt, die nicht liberal denken, dann beweist die Tatsache, daß alle Liberal-Denkenden für die Demokratie sind, noch nicht, daß die Demokratie ein absolutes Gut ist ...* Ob der Künstler in der Demokratie am besten gedeihe, sei fraglich, was er braucht, ist *ein Zustand der Gesellschaft, der das verlangt, was er zu geben hat, und der ihn so belohnt, daß er seine Arbeit weiterführen kann. Und was ist kultureller Fortschritt? ... Ich habe nichts gegen den kulturellen Fortschritt, weil ich nicht weiß, was das bedeutet. Immerhin kann ich einem Satz gegenüber Bedenken erheben: «Sicherlich wird die Kunst überall als international anerkannt.» Vielleicht ist die moderne Kunst international, und wenn, dann erklärt sich wohl daraus ihre Schwäche. Ich kann mir die Kunst weder als national noch als international vorstellen – diese Begriffe sind ja schließlich modern –, sondern allein als volks- und ortsgebunden ...*

Diese Sätze schrieb Eliot, wie man betonen muß, 1937, als die geistige Welt Englands im Faschismus und Nationalsozialismus ihren Hauptfeind sah – und als das Wort Demokratie einen weihevollen Klang zu erhalten begann. Eliot mißtraute ihm, und er wußte, daß er sich dadurch des Faschismus verdächtig machte. Er parierte geschickt: *... für manche Leute heißt eine kritische Haltung gegenüber der Demokratie soviel wie Sympathie für den Faschismus – welcher jedoch, vom Standpunkt eines echten Tory aus betrachtet, lediglich eine äußerste Verfallserscheinung der Demokratie ist.* (*Poetry*, p. 246)

Den Zusammenhang von Demokratie und Gewaltherrschaft, so wie den von Demokratie und Angriffskrieg, hatte bereits Babbitt (offensichtlich an Aristoteles geschult) gesehen («Democracy and Leadership», p. 129–130); Eliot erweist sich hier wieder einmal als ein treuer Schüler des alten Meisters. Ebenso in der höchst charakteristischen Feststellung: *Wenn ein Begriff so allgemein geheiligt ist wie heute «Demokratie», dann fange ich mir an zu überlegen, ob er irgendeinen Sinn hat ... Wenn jemand mal gegen die Demokratie wäre, dann würde ich vielleicht herausbekommen, was das Wort bedeutet. Sicherlich kann man in gewissem Sinne sagen, daß Großbritannien und Amerika demokratischer sind als Deutschland; andererseits können die Fürsprecher des totalitären Systems durchaus mit Grund behaupten, daß wir keine Demokratie, sondern finanzielle Oligarchie haben.* (*Idea*, p. 14–15)

Eliot zögert nicht immer so sehr, den Sinn von Demokratie zu bestimmen. Im *Criterion* II (April 1924, p. 233) erklärte er: *Demokratie entsteht dann, wenn die Herrscher eines Volkes den Glauben an ihr Recht, zu herrschen, verlieren.* Das könnte Nietzsche gesagt haben; der Satz hat die bewußte Arroganz des frühen Eliot, die sich später in den Falten der christlichen Demut verbarg. Seinen radikalen Unglauben an den Wert der Demokratie hat er nie verloren. Die Demokratie beruht auf der Annahme, daß jeder einzelne Bürger in der Lage ist, durch eigene Vernunfteinsicht zu entscheiden, was dem Staat nützt: Eliot spricht den meisten seiner Mitbürger die Vernunft ab. Er hält die Massenpresse für gefährlich, nicht weil sie das Volk geistig beeinflußt: ... *geistig beeinflußt kann es nicht werden, weil die wenigsten Leute Geist haben, sondern weil sie sein Verhalten bestimmt.* (*Criterion XVII, Commentary,* Juli 1938) Er streitet die Möglichkeit einer großen geistigen Bewegung in der gegenwärtigen Generation ab (wie es die anglikanischen Bischöfe behauptet hatten), *weil in jeder Generation die Zahl derer, die sich geistig bewegen lassen, immer und überall sehr klein ist.* (*Thoughts After Lambeth* [*S E*, p. 355])

Seine Zweifel an der Denkfähigkeit seiner Mitmenschen veranlaßten ihn, einige schon damals recht unzeitgemäße Gedanken zum Problem der Bildung und Erziehung vorzutragen. Er hielt nichts davon, die höhere Bildung vielen zugänglich zu machen, denn dann wird sie *zu vielen* zugänglich, und das führt *logischerweise* (*consequently*) zu einem Verlust an Niveau (*to the lowering of standards*). Zwar gab er die Möglichkeit von «Intelligenzreserven» (wie unsere Fachleute heute sagen) zu, trotzdem befürwortete er nicht «gleiche Bildungschancen für alle». Denn wer soll die verborgenen Begabungen entdecken und auswählen? Nach welchen Prinzipien soll ausgewählt werden? Und muß nicht der Prozeß des Auswählens unaufhörlich weitergehen? Dann nämlich, wenn wirklich alle die ihnen gemäße Chance erhalten sollen? Damit aber würde die traditionelle Lebensgemeinschaft der Familie aufgelöst, und überhaupt jede Gemeinschaft: denn die *Ausgewählten, die Eliten, werden aus solchen Individuen bestehen, die allein durch ihr berufliches Interesse verbunden sind, ohne gesellschaftlichen Zusammenhang* (*social cohesion*), *ohne gesellschaftliche Kontinuität.* Wenn aber Gemeinschaft und Kontinuität beseitigt werden, dann wird der Kultur der Boden entzogen. (*Notes*, p. 101 u. p. 47)

Wer die deutsche Bildungskatastrophe beheben will, findet in Eliot keinen Bundesgenossen. Für ihn freilich hatte die Bildungskatastrophe schon stattgefunden: *Daß man jungen Leuten Philosophie beibringt, die keine humanistische Erziehung genossen haben – daß über Platon und Aristoteles vor Hörern doziert wird, die kein Grie-*

chisch verstehen und keine Ahnung von alter Geschichte haben, das ist eine von den tragischen Albernheiten des amerikanischen Bildungssystems. (*Second Thoughts about Humanism* [*S E*, p. 448 note]) Das Ziel der Bildung und Erziehung war für ihn nicht der Erwerb von Fertigkeiten, sondern von *Weisheit.* (*Criterion* XVII, *Commentary*, Januar 1938) Aber dafür hat die moderne Gesellschaft den Sinn eingebüßt. (*Notes*, p. 99) Das moderne Erziehungswesen ist freilich nicht dazu angetan, dem Erwerb von Weisheit Vorschub zu leisten: dazu gehört Muße, die Freiheit vom Zwang des Vorankommenmüssens (*getting on*), eine Abgeschlossenheit, wie sie die Colleges der alten Universitäten Oxford und Cambridge gewährleisten (in die Eliot mit Bedenken einen «neuen Geist» einziehen sah), peripatetische Diskussionen in Gärten und Parks, und auch ein persönliches Verhältnis des Lehrers zum Schüler. Deswegen war Eliot sogar dafür, die Studentenzahl drastisch zu beschränken (vgl. *Modern Education and the Classics* in *Essays Ancient and Modern*). Schon Babbitt erklärte, es sei für das College wichtiger, einen Menschen gründlich zu bilden, als hundert ein wenig. («Literature and the American College», p. 105) Das Argument, unsere Zeit brauche eine große Anzahl von fachlich Ausgebildeten, hätten wohl beide mit der Bemerkung abgetan, daß unsere Zeit unerfüllbare und daher unsinnige Bedürfnisse habe und sich umorientieren müsse. Der liberalen und demokratischen Forderung gegenüber, daß jedermann ein Recht auf Bildung habe, weil sie glücklicher mache, gab Eliot zu bedenken, daß dies keineswegs erwiesen sei: *Diejenigen, die sich eines Mangels an Bildung bewußt sind, sind unzufrieden, wenn sie danach streben, sich in Berufen auszuzeichnen, für die sie keine Eignung haben; manchmal sind sie auch unzufrieden, weil man sie fühlen läßt, daß mehr Bildung sie glücklicher machen würde ... Andererseits aber kann es unglücklich machen, wenn man eine Bildung erhält, die einen über das Niveau des ererbten Geschmacks und der ererbten Verhaltensweisen hinaushebt, dadurch kann der Mensch in Widerspruch zu sich selbst geraten ... Es kann sich verheerend auswirken, wenn man mehr an Bildung, Wissen und Kenntnissen aufnehmen muß als man seinen Kräften nach vermag; das Erzogen-werden ist beschwerlich, und kann dem Geist eine allzu große Last auferlegen. Sowohl zu viel wie zu wenig Bildung kann unglücklich machen.* (*Notes*, p. 99–100)

Eliots Kritiker Robbins tat dies alles als «reaktionären Unsinn» ab, und mancher Leser mag ähnlich empfinden. Es hat auch, wie gesagt, nicht an solchen gefehlt, die ihn des Faschismus bezichtigten, aber nur, wer darauf aus ist, dieses Wort – ähnlich wie Demokratie – zu einem konturlosen Wortgötzen aufzublähen, wird es auf ihn anwenden. Allerdings war Eliot, im genauen Verstande, reaktionär, weil er sich modernen, fortschrittlichen Tendenzen entgegenstemmte; man könnte ihn auch ultra-konservativ nennen.

Wie die christliche Gesellschaft der Gegenwart oder nächsten Zukunft beschaffen sein muß, hat er nicht gesagt, wohl aber, daß eine christliche Gesellschaft der Gemeinde bedarf, die sich um die Kirche als ihr Zentrum gruppiert. Dem aber steht die moderne Industriegesellschaft hinderlich entgegen, denn sie schafft Lebensformen, die sich von der Tradition lösen und der Religion entfremden, dafür der *Massensuggestion* erliegen: *In anderen Worten, sie erschafft den Mob. Und der Mob ist deswegen nicht weniger Mob, wenn er gut genährt, gut gekleidet, gut behaust und diszipliniert ist.* (*Idea*, p. 21) Eine christliche Gesellschaft gedeiht am besten in ländlich-bäuerlichem Milieu (a. a. O., p. 29 f).

Diese Behauptung überrascht vielleicht bei dem Großstädter Eliot, der von sich selbst bekannte, er würde es ebenso schwierig finden, *auf dem Lande zu leben, wie das Rauchen aufzugeben.* (*Criterion* XVII, *Comentary*, April 1938) Aber schon in *After Strange Gods*, in den Vorlesungen also, die er 1933 an der Universität von Virginia, im Süden der Vereinigten Staaten, hielt, sprach er seine Sympathie für das aus, was man manchmal *the agrarian movement of the South* nennt (p. 15) – für die bodenständige Tradition, die sich gerade dort zu behaupten sucht. Er schauderte vor der Häßlichkeit des industrialisierten Nordens und erklärte, die Landschaft am meisten zu lieben, in welcher der lange Kampf um Anpassung die besten Eigenschaften von Mensch und Natur hervorgebracht hat: *Wo die Landschaft von zahlreichen Generationen des gleichen Volksstamms* (*race*) *geprägt worden ist, und wo die Landschaft den Volksstamm ihrem eigenen Charakter entsprechend gemodelt hat.* (a. a. O., p. 17)

So entsteht, nach Eliot, und so bewahrt sich Kultur – die dann freilich etwas ganz anderes ist als ein x-beliebiger «way of life». Es gibt keine Kultur ohne Ortsgebundenheit: *Es ist wichtig, daß man sich nicht nur als Bürger einer Nation, sondern als Bürger eines besonderen Landesteils fühlt und ihm treu ergeben ist.* Freilich kann, fügt Eliot, offensichtlich in eigener Sache sprechend, hinzu, *ein einzelner eine tiefe Anhänglichkeit an einen Ort, wo er nicht geboren ist, entwickeln ... Aber ich glaube, wir alle sind uns darüber einig, daß eine Gemeinschaft von Menschen mit starkem Lokalgefühl etwas all zu Künstliches, all zu Bewußtes wäre, wenn jeder einzelne von woanders herkäme.* (*Notes*, p. 52) Indem Eliot so für das Gewachsene und Beständige spricht, sympathisiert er mit Regionalismus und wünscht die nationalen Eigentümlichkeiten der Völker, die das englische Kerngebiet umgeben, der Bewohner von Wales, Schottland, Irland, erhalten zu sehen (a. a. O., p. 54 f). Und deswegen verteidigt er auch die klassenmäßig geordnete, hierarchisch aufgebaute Gesellschaft – was man ihm besonders verübelt hat. Die Klasse tradiert sich mit einer gewissen Selbstverständlichkeit, wodurch sie Dauer garantiert, wohingegen die Elite, wie der Name besagt, ausgewählt, «gemacht» wird und ihrem Wesen nach eine *atomisierte*, ständig im Fluß befindliche Gesellschaft voraussetzt (a. a. O., p. 36 f).

Hierarchie und Klasse bedingen die Kultur ebenso wie das Regionale. So gedeiht auch die Religion, die mit der Kultur zwar nicht identisch ist (es sei denn in primitiven Gesellschaften), wohl aber zu ihr in einem notwendigen Spannungsverhältnis steht, so daß beide nicht ohne einander sein können (a. a. O., p. 28 f). Die meisten Menschen haben nur eine *geringe Denkkapazität*; daher genügt es, wenn sich ihr Christentum auf das religiöse Verhalten beschränkt, wenn sie die Kultgebräuche beachten und ihren Nächsten so behandeln, wie es herkömmlich und geboten ist. Das Nachdenken über Glaubensfragen können sie denen überlassen, die dazu ausgebildet und berufen sind. (*Idea*, p. 28 f) Eliot hält sogar eine Buchzensur nicht für unangebracht, vorausgesetzt, daß sie von der Kirche und nicht von der Presse ausgeübt wird. (*Criterion* VIII, *Commentary*, September 1928)

Es war ihm klar, daß seine Gedanken als undurchführbar abgelehnt werden; das hinderte ihn nicht daran, sie auszusprechen. Die «Agrarier» des amerikanischen Südens, denen er in *After Strange Gods* seine Sympathie entgegenbrachte, gelten, wie er weiß, als Phantasten, weil der Zwang der wirtschaftlichen Verhältnisse gegen sie sei. Aber: *Der ökonomische Determinismus ist heute ein Gott, vor dem wir niederfallen, um ihn mit jeglicher Art von Musik zu verehren. Ich glaube, daß diese Dinge letztlich von dem bestimmt werden, was die Menschen wollen; daß die ökonomischen Gesetze umgestoßen werden können, um das zu erreichen, was allgemein als erstrebenswert anerkannt worden ist; daß es gegenwärtig nicht auf die Praktizierbarkeit von vorgeschlagenen Maßnahmen ankommt, sondern darauf, ob das Ziel ein gutes Ziel, und die Alternative unerträglich ist* (a. a. O., p. 17 f). Dieses Ziel aber ist für Eliot, daß die Menschheit sich einer gottgewollten Ordnung unterwirft. Die Mächte, die in unserem Jahrhundert miteinander im Streite liegen, sind nicht Demokratie, Faschismus, Kommunismus, sondern Weltlichkeit und Überweltlichkeit; der Kampf wird ausgetragen zwischen *denen, die allein an Werte glauben, die in der Zeit und auf der Erde realisierbar sind, und denen, die auch an Werte glauben, die außerhalb der Zeit verwirklicht werden.* (*Criterion* XVI, *Commentary*, Oktober 1936) Ohne den Glauben an überweltliche Werte, ohne den Bezug zur Transzendenz, hört für Eliot der Mensch auf, Mensch zu sein (wie wir im vorigen Kapitel sahen); deswegen wies er die Mitlebenden, die sich auf der Erde als ihrem eigentlichen Zuhause einrichteten, auf Lebensformen hin, die «hoffnungslos veraltet» scheinen. Vergangene Epochen, auf die der immer noch fortschrittsgläubige Mensch von heute *verächtlich herabblickt, haben besser verstanden als die unsere, das zu leisten, was immer geleistet werden muß: den Bezug des Vergänglichen zur Ewigkeit herzustellen.* (*Criterion* XII, *Commentary*, Oktober 1932)

H. R. Robbins, der schon mehrfach als Zeuge einer typisch «modernen» Gesinnung zitiert wurde, hat auf Eliots Kulturkritik mit beinahe hysterischer Entrüstung reagiert. Er wirft ihm «Verzweiflung an der Welt» vor, eine «angsterfüllte Flucht vor der Wirklichkeit des Lebens», die zu einer «Leugnung der objektiven Wirklichkeit und der Hinnahme eines Lebens nach dem Tode als der einzigen Wirklichkeit» führe, und er verübelt ihm bitter seine Kritik an der Demokratie. («The T. S. Eliot Myth», p. 24) Aber muß nicht gerade der demokratisch Gesonnene zulassen, daß man die Grundlage der Demokratie in Frage stellt? Allerdings schlägt diese Frage auf Eliot zurück: denn er hat von der Redefreiheit, die ihm die englische Demokratie gewährte, reichlich Gebrauch gemacht und so von dem profitiert, was er attackierte.

Aufs Ganze gesehen, scheint ihm die moderne Gesellschaft seine Kritik nicht verübelt zu haben. Der Dichter Eliot jedenfalls wurde 1948 mit dem Nobelpreis geehrt. Damals war er schon als Dramatiker allgemein bekannt und geradezu populär geworden.

EXPERIMENTE MIT DEM DRAMA

Eliots These, daß die Kultur bodenständig sein müsse, verträgt sich schlecht mit seiner Auffassung des Klassischen. Er nennt, wie wir uns erinnern mögen, Dante den universalsten Dichter seit der Antike und Shakespeare im Vergleich zu ihm *ortsgebunden* (*local*): daraus spricht, wenn auch verklausuliert, eine klare Höherschätzung Dantes – seiner Kulturtheorie nach müßte Eliot jedoch Shakespeare gerade seiner Ortsgebundenheit wegen den Vorzug geben. (*Dante* [*S E*, p. 238–239]) Noch 1945 verweigert Eliot ihm in *What is a Classic?* den Ehrentitel des Klassikers, weil er dafür zu provinziell (und wohl auch nicht genügend reif) sei. (*Poetry*, p. 53 f) Diese Unstimmigkeit erklärt sich einmal aus der jeweiligen Frontstellung: wenn Eliot die Internationalität und Verstädterung der modernen Zivilisation angreift, betont er den Wert der Heimat und der Provinz, spielt er jedoch das Mittelalter gegen die Moderne aus, dann preist er die europäisch-lateinische Universalität. Aber man kann auch sagen, daß Eliot die Vorzüge von beiden begriff. In seiner Entscheidung für den Anglo-Katholizismus, der, logisch betrachtet, eine contradictio in adjecto ist, hat er durch einen Kompromiß beides miteinander versöhnt. Im Bereich des Literarischen zeigt sich diese Widersprüchlichkeit darin, daß er, der hochgebildete und anspruchsvolle Dichter, nach einem Publikum von Analphabeten verlangte, das ohne Zweifel «provinziell» wäre und Dante nicht würdigen könnte, und in seiner Vorliebe für volkstümliche Autoren wie Wilkie Collins und Charles Dickens. (*S E*, p. 422 f) Eine andere Ausformung dieser Gegensätzlichkeit stellen wir in Eliots persönlichem Leben fest: er trat als ein gepflegter und zurückhaltender Gentleman auf, aber in ihm steckte ein Schalk, sogar ein Stück von einem Clown, der seine Freunde mit Parodien amüsierte und mit pyrotechnischen Scherzartikeln überraschte.

Seine Wendung zum Drama und zur Bühne – es lag ihm nichts daran, so wie die Dichter des 19. Jahrhunderts Lesedramen zu schreiben – entspringt der Tendenz zum Kompromiß, zur Versöhnung des Heterogenen und Widersprüchlichen, die wir in seiner Anglo-Katholizität erkennen. Einige Sätze aus *The Sacred Wood* geben darüber Aufschluß: *Das elisabethanische Drama war für ein Publikum bestimmt, das nach grober Unterhaltung verlangte, aber bereit war, eine ganze Menge Dichterisches hinzunehmen. Für uns handelt es sich darum, eine Form der Unterhaltung aufzugreifen und sie so zu verwandeln, daß sie Dichtung wird. Vielleicht liefert uns die Komik der Music Hall das beste Material* (a. a. O., p. 70). Hier sagt Eliot mehr über sich selbst als über die Elisabethaner – denn was sie verlangten, und was sie hinnahmen, läßt sich nicht feststellen, wir wissen so gut wie nichts darüber. Eliot aber hatte die Absicht, das große Publikum mit Unterhaltung zu interessieren und ihm zugleich Dichtung zu geben. Damit wollte er allem Anschein nach nicht nur aus seiner esoterischen Isoliertheit heraustreten, sondern außerdem noch den Dichter mit dem Clown, die beide zu seinem Wesen gehörten, vereinen.

Eliot hat sich sorgfältig auf das dramatische Handwerk vorbereitet. Er ließ sich von erfahrenen Praktikern beraten, er diskutierte (vgl. dafür *A Dialogue on Dramatic Poetry* [*Ein Gespräch über dramatische Dichtung*] vom Jahre 1928 [*S E*, p. 43 f]); er studierte die Werke anderer Dramatiker, Shakespeare und Shakespeares Zeitgenossen, Yeats, um ihnen Kunstgriffe abzulauschen. Schon lange bevor er eigene Bühnenstücke schrieb, publizierte er Essays über das Drama, so daß er zu Beginn seines Vortrags *Poetry and Drama* [*Vers und Drama*] sagte: *Wenn ich überschaue, was ich in den letzten dreißig und mehr Jahren an kritischen Schriften veröffentlicht habe, dann bemerke ich zu meinem Erstaunen, daß ich beständig zum Drama zurückgekehrt bin, sei es nun, daß ich die Werke von Shakespeares Zeitgenossen untersuchte, sei es, daß ich über das nachdachte, was in der Zukunft möglich sein könnte.* (*Poetry*, p. 72) Dieser Vortrag wurde 1951 in Harvard gehalten; er ist besonders interessant, weil Eliot hier seine eigene dramatische Produktion überprüft, und weil er zum Schluß das Ideal des dichterischen Dramas aufstellt, das, obwohl seiner Meinung nach an sich unerreichbar, von Shakespeare einige Male fast verwirklicht wurde.

Der junge Eliot dachte von Shakespeare nicht so hoch.[1] Er nannte seine dramatische Form, und die der Elisabethaner überhaupt unrein, weil sie Ansätze zum Realismus, zur «Nachahmung des Lebens» zeigte, und deswegen behauptete er: *Die Elisabethaner gehören in der Tat zu jener Fortschritts- oder Verfallsbewegung, die in Sir Arthur Pinero gipfelte ...* (*Criterion* II, p. 123, Februar 1924) Statt Pinero, der außerhalb Englands kaum bekannt ist, hätte er auch Shaw schreiben können, und damals vielleicht auch Ibsen und Tschechov. Er meinte das naturalistische Drama, das seiner Meinung nach nicht Kunst ist, sondern sich ständig darum bemüht, die Bedingungen der Kunst zu verleugnen (a. a. O., p. 120). Kunst bedeutet Form, Stil, Rhythmus, daher auch Konvention; das Kunstwerk muß sich vom Leben, von der zu beobachtenden Wirklichkeit unterscheiden. Der junge Eliot fand reine Kunst einmal im Drama des europäischen Klassizismus, in Corneille, Racine, Dryden, und zum anderen im Ballett, aber auch in der Music Hall, im Spiel Chaplins und in den Jonglierkünsten Rastellis, die für ihn *kathartischer* (im Sinne der aristotelischen Katharsis) waren als eine Aufführung von Ibsens «Puppenheim». *Das Drama war ursprünglich Ritus, und der Ritus ist, da er aus einem festen Schema sich wiederholender Bewegungen besteht, seinem Wesen nach Tanz ...* Er vollzieht sich zum Schlag der Trommel – *aber wir haben die Trommel verloren.* (*The Beating of a Drum* in «The Nation and Athenaeum» XXXIV, 6. Oktober 1923, p. 11 f)

Später entdeckte Eliot eben dieses auch in Shakespeare. In seinem Vortrag *Poetry and Drama* interpretiert er die rhythmisch-musikalische Struktur der Eingangsszene des «Hamlet», indem er zeigt, daß die Handlung, das Dramatische, sich in der Bewegung der geformten Sprache darstellt (a. a. O., p. 75–77). Darauf kam es ihm an: *Ich gehe von der Voraussetzung aus, daß das Dichterische im Drama dann überflüssig ist, wenn es nur Dekoration, nur eine zusätzliche*

---

1 Ich knüpfe hier an das an, was ich im Kapitel «Literaturkritik» (S. 100 f) über Eliots Verhältnis zu Shakespeare gesagt habe.

Verzierung ist, die Leuten von literarischer Bildung das Vergnügen gibt, zur gleichen Zeit Dichtung zu hören und ein Stück zu sehen. Das Dichterische muß sich dramatisch rechtfertigen ... (a. a. O., p. 72)

Obwohl Eliot in diesem Vortrag zugibt, daß auch das Prosadrama Kunst sein kann (und hier findet er sogar ein gutes Wort für Shaw), hält er doch das dichterische, in Versen geschriebene Drama für besser, denn, wie es bereits im Dialog über dramatische Dichtung heißt: *Im Zustand intensiver Leidenschaft strebt die menschliche Seele danach, sich in Versen auszudrücken* (a. a. O., p. 46). Und so sagt er am Schluß von *Poetry and Drama,* wo er über das Ideal des dichterischen Dramas spricht: *Es gibt, wie ich meine, oberhalb der benennbaren, klassifizierbaren Emotionen unseres bewußten, auf Tätigkeit gerichteten Lebens – es ist der Teil des Lebens, den das Drama in Prosa durchaus angemessen auszudrücken vermag – es gibt darüber noch so etwas wie einen Rand von unbestimmbarer Ausdehnung, ein Fühlen, das wir sozusagen nur von der Seite her erblicken und nie gänzlich fassen; ein Fühlen, das wir nur wahrnehmen, wenn wir uns zeitweise vom Handeln zurückziehen. Große Prosadramatiker, Ibsen und Tschechow zum Beispiel, haben gelegentlich Dinge vollbracht, deren ich die Prosa nicht für fähig gehalten hätte, aber sie scheinen mir doch, trotz ihrer Erfolge, durch die Prosa in ihren Ausdrucksmöglichkeiten behindert zu sein. Dieser eigentümliche Umkreis des Empfindens nun kann durch dramatische Dichtung in den Augenblicken höchster Intensität ausgedrückt werden. In solchen Augenblicken rühren wir an die Grenze der Gefühle, die nur die Musik ausdrücken kann. Wir können niemals mit der Musik wetteifern, denn die Dichtung, die zur Musik wird, hebt sich als Dichtung auf, besonders die dramatische Dichtung. Trotzdem schwebt mir die Fata Morgana eines vollkommenen Versdramas vor Augen, das menschliches Handeln und menschliches Sprechen in eine solche Gestalt bringt, die den Anblick der dramatischen und der musikalischen Ordnung gewährt. Ich glaube, daß Shakespeare dieses wenigstens in einigen Szenen hat ...* (a. a. O., p. 86–87)

Im Verlaufe seiner Studien entdeckte Eliot noch etwas anderes, das für ihn wichtig war. Er begriff, daß Shakespeare nur sehr zu Unrecht «Realist» genannt wird. Der gängige Begriff des (dramatischen) Realismus nämlich setzt zweierlei voraus: einmal nimmt er als Realität oder Wirklichkeit das, was sich vom Normalverstand beobachten und verstehen läßt, und zweitens sieht er die Aufgabe des Dramatikers darin, dem Publikum ein möglichst getreues Abbild dieser Wirklichkeit zu geben und somit die Illusion dieser Wirklichkeit zu erzeugen – weswegen der «Realismus» genausogut auch «Illusionismus» heißen könnte. Shakespeare nun zielt offensichtlich nicht auf Illusion ab, er wendet sich an ein Publikum, das weiß und auch nicht vergessen soll, daß es einem Spiel – und das heißt: einem Kunstwerk – zuschaut, und er ruft ihm das Spielhafte seines Spiels dadurch ins Gedächtnis, daß er die Welt mit einer Bühne vergleicht (z. B. in «Wie es euch gefällt», II, 7). In diesem Vergleich spricht sich zudem noch Shakespeares Wissen aus, daß diese Welt, die der moderne Mensch «die Wirklichkeit» nennt, mindestens nicht die ganze Wirklichkeit ist, sondern daß hinter, außer oder über ihr noch etwas ist, das wir zwar nicht alltäglich vor Augen haben, das aber wirklicher ist als die gewöhnlich erfahrene Welt.

Mit dieser Entdeckung, die er S. L. Bethell verdankte [1], konnte Eliot Shakespeare fast als einen Bruder im Geiste sehen – obwohl er anscheinend nie der heute grassierenden Manie verfiel, in Shakespeares Dramen verborgene christliche Heilsbotschaften zu suchen.

Nachzuahmen war Shakespeare nicht: das verstand sich für Eliot von selbst. Auch den Blankvers wollte er nicht übernehmen, denn es schien ihm nicht ratsam, mit Shakespeare zu wetteifern. Er fand aber Anregung und Vorbild bei Yeats, der zwar die meisten seiner Dramen in Blankversen schrieb, jedoch allmählich dazu gelangte, alles Dekorative aus seiner dramatischen Sprache zu entfernen und schließlich für sein letztes Drama «Purgatory» eine neuartige, vom Blankvers abweichende Form verwendete. Damit *verpflichtete er sich alle seine Nachfolger zu Dank* (*Poetry and Drama*, p. 78, dazu *Yeats*, ebd., p. 259).

Yeats' Vers in «Purgatory» ist meist vier-, gelegentlich auch fünfhebig, hat freie Senkungsfüllung und setzt manchmal mit betonter, manchmal mit unbetonter Silbe ein. Zum Beispiel:

> Looked at him and married him,
> And he squandered everything she had.
> She never knew the worst, because
> She died in giving birth to me,
> But now she knows it all, being dead.
>
> [Sah ihn an und heiratete ihn,
> Und er vertat alles, was sie hatte.
> Sie erfuhr niemals das Schlimmste, weil
> Sie starb, als sie mich gebar,
> Aber jetzt, wo sie tot ist, weiß sie alles.]
>
> («Collected Plays», 1953, p. 683)

---

1 S. L. Bethell: «Shakespeare and the Popular Dramatic Tradition», 1944. Eliot schrieb dazu ein aufschlußreiches Vorwort, vgl. Carol H. Smith: «T. S. Eliot's Dramatic Theory and Practice», 1963, p. 150–155.

Eliots «Dankesschuld» wird offenbar, wenn wir ein Stück aus *The Cocktail Party* [*Die Cocktail Party*] daneben stellen.

I know, that's what we said at the time;
But I'd forgotten what the Gunnings' parties were like.
Their guests will get just enough to make them thirsty;
They'll come on to us later, roaring for drink.

Ich weiß, das haben wir damals gesagt;
Aber ich hatte vergessen, wie es auf den Parties bei Gunnings zugeht.
Ihre Gäste werden gerade soviel kriegen, daß sie durstig werden,
Und dann kommen sie zu uns und schreien nach was zu trinken.
(*Collected Plays*, p. 197)

Auf eine detaillierte Analyse dieser Verse – die Übersetzung möge nicht als Versuch einer Nachdichtung mißverstanden werden! – sei verzichtet; einige Hinweise müssen genügen. Bei Yeats beginnt der erste Vers mit einer betonten Silbe, die folgenden setzen unbetont ein; «he squandered» läßt sich jedenfalls so sprechen, daß zwei betonte Silben zusammentreffen. Bei Eliot folgen häufig zwei unbetonte Silben aufeinander, z. B. *said at the time* oder *roaring for drink*, in *forgotten what the* sogar drei. Beide Dichter passen sich dem Rhythmus der gesprochenen Sprache an und erneuern dabei Prinzipien germanischer Metrik.[1]

Aber Eliot lernte von Yeats nicht nur etwas für seinen dramatischen Vers. Er gehörte mit Ezra Pound zu dem Kreis geladener Gäste, die am 2. Mai 1916 im Salon der Lady Cunard an der Uraufführung von «At the Hawk's Well» teilnehmen durften. Yeats bildete dieses Drama dem japanischen Nō-Spiel nach, mit dem ihn Ezra Pound bekannt gemacht hatte: Pounds Übersetzung einiger Nō-Spiele erschien im gleichen Jahr, und Yeats schrieb dazu ein begeistertes Vorwort, in dem er das Nō als die für ihn ideale dramatische Form erklärte. Sowohl in diesem Aufsatz, der ein Stück dramatischer Theorie ist, wie auch in «At the Hawk's Well» selbst fand Eliot das, was er bei Ibsen und Shaw vermißte: Stil und Konvention, rhythmische Bewegung, rhythmisches Sprechen, Gesang, Tanz, Trommel und Gong und sogar Masken, die Yeats als erster europäischer Dramatiker wieder verwendete.

Er empfing offenbar einen nachhaltigen Eindruck. 1933 schrieb er

---

1 Auch der Vers der *Four Quartets* ist germanisch, vgl. hierzu Helen Gardner: «The Art of T. S. Eliot», p. 29 f.

an Hallie Flanagan, die seine beiden *Sweeney Agonistes* genannten Szenen im Vassar College (Poughkeepsie, N. Y.) aufzuführen plante:

Die Handlung muß stilisiert sein, so wie im Nō-Drama – vgl. das Buch von Ezra Pound und Yeats' Einleitung, sowie die Anmerkungen zu «The Hawk's Well». (sic) *Die Personen sollten Masken tragen ... Es sollte nicht mit zu viel Ausdruck gesprochen werden ... Ich hatte ursprünglich die Absicht, das ganze Stück mit leichten Schlägen auf die Trommel begleiten zu lassen ...* (Genau das schreibt Yeats vor, vgl. seine «Collected Plays», p. 210.)

Dieser Brief erschien 1943 in Hallie Flanagans «Dynamo». Eliot hat ihn zwar zur Publikation freigegeben, aber es war ihm anscheinend nichts daran gelegen, den Einfluß Yeats' auf seine eigene Theorie und Praxis allzu deutlich werden zu lassen; weder in *Poetry and Drama* noch in *Yeats* findet sich ein Hinweis darauf, daß «At the Hawk's Well» ein Muster für *Sweeney Agonistes* war.

Die beiden Szenen, die jetzt als *Sweeney Agonistes* in den *Collected Poems* (nicht in den *Collected Plays*) vorliegen, erschienen zunächst im *Criterion* (IV. Band, Oktober 1926 und Januar 1927); sie sind, wie der etwas mysteriöse Untertitel *Fragments of an Aristophanic Melodrama* besagt, kein abgeschlossenes Drama. Trotzdem verdienen sie unser Interesse, schon deswegen, weil sie Eliots erster Versuch sind, etwas für die Bühne zu schreiben.

Schauplatz ist die Londoner Wohnung der beiden Flittchen Doris und Dusty. Sie wird von einem Herrn namens Pereira bezahlt (der Name ist portugiesisch: man denkt vielleicht an einen wohlbeleibten südländischen Geschäftsmann mit Glatze und schwarzen Augen), der nicht auftritt, sondern nur telefoniert. Dusty flunkert ihm vor, Doris sei erkältet, denn Doris mag Pereira, der sie aushält, nicht, weil er kein Gentleman ist. Nach Abwehr des unerwünschten Besuchs legt sie Karten, die ihr – wie Carmen – den Tod verkünden, da erscheint Sam Wauchope, ein alter Freund (und Gentleman) mit Captain Horsfall und zwei amerikanischen Bekannten, die sich geschäftlich in London aufhalten.

Eine Unterhaltung über das Leben in der britischen Hauptstadt, die den amerikanischen Besuchern zwar gefällt, aber doch etwas zu *gay*, zu lebenslustig vorkommt, beschließt die erste Szene. Wir haben sie als das *Fragment eines Prologs* zu verstehen, wobei zu bedenken ist, daß der erste Teil einer griechischen Tragödie, derjenige vor dem Einzug des Chores, Prolog genannt wird.

Die zweite Szene ist mit *Fragment eines Agon* überschrieben. Das erweckt wiederum klassische Assoziationen: Agon ist der Wettkampf, nicht nur Sportler in Olympia, auch die Dramatiker rangen miteinander um den Sieg. So kann eine Aufführung Agon heißen, nicht freilich der Teil eines Dramas. Es ist nicht leicht ersichtlich, was der Titel andeuten soll. Jedenfalls tritt zu den Personen der ersten Szene der allen Eliot-Lesern wohlbekannte Sweeney; er verspricht, Doris auf eine Kannibaleninsel zu entführen, um sie dort in ein Stew zu verwandeln. Doris findet das einfache Leben langweilig, doch vereinen sich die Herren zum chorischen Preis paradiesischer Unschuld; Doris, die ihren kritischen Sinn bewahrt, erklärt, daß dieses Leben Tod sei. Das veranlaßt Sweeney, die Geschichte eines Mannes zu erzählen, der einmal ein Mädchen *hingemacht* hat (*a man once did a girl in*), die Leiche in Lysol aufbewahrte und dann selbst nicht mehr wußte, ob er lebte oder tot war. Ein erneuter Chorgesang schildert die Gefühle des Lebendig-Totseins; er verklingt mit dem *KNOCK KNOCK KNOCK* (*POCH POCH POCH*), dem Klopfen der Polizei an der Tür des angstgeplagten Mörders.

Die Sprache dieses Stücks bewegt sich im Rhythmus eines Balletts. Der Rhythmus erfaßt alles, auch das Telefon klingelt nicht naturalistisch, sondern exakt metrisch:

Ting a ling ling
Ting a ling ling

So wird die banale Konversation zu elastischer Poesie:

Doris: You like London, Mr. Klipstein?
Krumpacker: Do we like London? do we like London!
Do we like London!! Eh what Klip?
Klipstein: Say, Miss – er – uh – London's swell.
We like London fine.
Krumpacker: Perfectly slick.

Doris: Gefällt Ihnen London, Mr. Klipstein?
Krumpacker: Ob uns London gefällt? Ob uns London gefällt!
Ob uns London gefällt!! Was Klip?
Klipstein: Also, Miss – eh – ehem – London ist prima.
Wir finden es ganz groß.
Krumpacker: Einfach Klasse.

Im Chorlied klingt die Sprache wie Jazz:

Under the bamboo
Bamboo Bamboo
Under the bambo tree
Two live as one

One live as two
Two live as three
Under the bam
Under the boo
Under the bamboo tree.

Unter dem Bambus
Bambus Bambus
Unter dem Bambusbaum
Zwei sind wie eins
Einer wie zwei
Zwei sind wie drei
Unter dem Bam
Unter dem Bus
Unter dem Bambusbaum

Und was ist der Sinn dieser Szenen? Eliot stellt ihnen, wie nicht selten in seinen Gedichten, zwei Zitate voraus, eins aus den Choephoren des Aischylos, das andere aus dem «Aufstieg zum Berge Karmel» des San Juan de la Cruz. Das scheint darauf zu deuten, daß sich unter der klingenden, tanzenden Oberfläche ein tiefer Ernst verbirgt, eine Botschaft, welche die Interpreten zum Entschlüsseln verlockt hat. Doch läßt der fragmentarische Charakter des Werkes Zweifel daran aufkommen, ob eine zusammenhängende Auslegung möglich ist. Wer nach einem Sinn sucht, sollte wohl nicht so sehr nach symbolisch-rätselhafter Weisheit Ausschau halten, sondern sich wiederum von der Sprache führen lassen. Sie ist Aussage dadurch, wie sie etwas sagt. Sie läßt in Sweeneys Erzählung vom Mörder allmählich das Grauen aufsteigen, so daß die erzählte Situation in die gegenwärtige eindringt, sich mit ihr vermengt und von ihr ununterscheidbar wird, genau so, wie auch Leben und Tod ihren Unterschied verlieren. Weist das nicht schon zur Genüge auf Sinn?

Sweeney Agonistes ist die Skizze zu einem poetischen Drama, das, wäre es vollendet worden, kein Kompromiß von Kunst und Unterhaltung sein würde. Es würde als Kunstwerk unterhalten, das heißt, es würde genau das leisten, was jedes dramatische Kunstwerk tut, ohne mit groben Tricks um die Gunst des Publikums zu werben. Leider jedoch hat Eliot seine anderen Dramen nicht nach dem im *Sweeney* angelegten Muster ausgeführt. Wahrscheinlich fürchtete er, daß dieser Stil nicht «ankommen» würde, vielleicht hatte er recht. Was immer die Gründe gewesen sein mögen: mit Ausnahme von *Murder in the Cathedral* steht seine dramatische Dichtung auf einem tiefern Niveau, als es der *Sweeney* erwarten ließ.

Um 1952

Erst 1934 unternahm Eliot sein nächstes dramatisches Experiment. Nicht ganz aus eigener Initiative: der Regisseur E. Martin Browne bat ihn, bei dem kirchlichen Festspiel *The Rock* mitzuarbeiten. Eliots Anteil ist nicht genau auszumachen, in der Hauptsache besteht er in den Chören, die heute, so wie der *Sweeney*, in den *Collected Poems* abgedruckt sind. Doch ermutigte ihn dieser Versuch, der Aufforderung nachzukommen, für das Canterbury Festival von 1935 ein Stück zu schreiben: *Murder in the Cathedral.* Es wurde mit Erfolg aufgeführt und machte seinen Weg auch im weltlichen Theater; 1952 ließ er es sogar verfilmen. Das Kinopublikum freilich erwartete, wie es heißt, einen Kriminalfilm zu sehen und wurde dementsprechend enttäuscht (vgl. Grover Smith, Jr.: «T. S. Eliot's Poetry and Plays», p. 180–181). Das Drama wurde an dem Ort aufgeführt, wo das in ihm vergegenwärtigte Geschehen 765 Jahre vorher stattfand: Erzbischof Thomas à Becket wurde 1170 von vier Rittern in der Kathedrale von Canterbury erschlagen. Aber es hat kaum etwas mit den historischen Ereignissen und ihrer spezifischen Problematik zu tun.

Der historische Thomas à Becket geriet mit König Heinrich II. (1154–89) in Streit, weil er sich weigerte, Angehörige geistlichen Standes, die ein Verbrechen begangen hatten und vom geistlichen Gericht für schuldig befunden und ihrer Würden entkleidet worden waren, vom weltlichen Gericht aburteilen zu lassen. Erzbischof und König waren beide von heftiger Gemütsart: Heinrich stieß in einem Wutanfall Worte hervor, die vier Ritter als Auftrag zum Mord auslegten. Damit aber dienten sie seinen Interessen nicht, denn das Verbrechen hinderte ihn daran, die geplante juristische Reform durchzuführen. Überhaupt ist das Bild Heinrichs II., der einer der größten englischen Könige war, oft ungebührlich verzerrt worden; er hat das «Common Law» (das heißt das allgemeine, für alle geltende Recht) eingeführt und damit die Zukunft Englands und aller englisch sprechenden Staaten nachhaltig bestimmt. (Zur ersten Information vgl. G. M. Trevelyan: «History of England», p. 155–161)

Um den sachlich-juristischen Konflikt geht es Eliot nur am Rande (man findet ihn angedeutet in der Rede des zweiten Ritters, p. 50), sein Thema ist das Problem des Märtyrertums und der Heiligkeit, und zugleich damit das Verhältnis von Handeln und Leiden. Ist der Erzbischof, der sich widerstandslos den Schwertern seiner Mörder ausliefert, passiv: oder handelt er dadurch, daß er sich zum Nicht-Widerstehen, zum Nicht-Handeln entschließt? Wenn wir diese Frage bejahen – und das scheint unausweichlich –, dann müssen wir weiterfragen, ob er Märtyrer ist. Denn der Märtyrer vollzieht den Willen Gottes und nicht seinen eigenen; wer aber in irgendeiner Form handelt, hat sich dazu entschieden und handelt damit so, wie er es

Die Verhöhnung des hl. Thomas von Canterbury. Gemälde von Meister Francke. Hamburg, Kunsthalle

selbst für richtig hält. Eliot zeigt, wie Thomas den Kreis dieser Reflexion durchbricht und so zur Freiheit des Heiligseins gelangt.

Thomas hat sieben Jahre verbannt in Frankreich zugebracht. Der Chor der Frauen von Canterbury, der das Drama eröffnet, fürchtet seine Rückkehr, weil dann etwas geschehen könnte, das die indifferente Passivität ihres Lebens stört. Als seine Ankunft gemeldet wird, rufen sie ihm bittend entgegen, wieder nach Frankreich zu gehen. Ein Priester tadelt sie, aber Thomas erklärt bei seinem Auftreten:

They know and do not know, what is to act or suffer.
They know and do not know, that action is suffering
And suffering is action

Sie wissen und wissen nicht, was Handeln oder Leiden ist.
Sie wissen und wissen nicht, daß Handeln Leiden ist,
Und Leiden Handeln.

(p. 17)

Handeln und Leiden gehören zusammen, sie machen zusammen den Kreislauf des Geschehens, das Rad, das sich dreht und immer ruhig bleibt, aus; ihm muß sich alles fügen.

Dann treten nacheinander vier Versucher auf. Die ersten drei weist Thomas leicht ab; sie verlocken mit weltlicher Macht, die ihm nichts mehr gilt; der vierte aber, den er nicht erwartet hat, versucht ihn mit seinen eigenen heimlichen Wünschen: sich durch das Martyrium über das Grab hinaus Macht zu erwerben, sich jetzt und hier zu erniedrigen, um im Himmel erhöht zu werden. Thomas begreift, daß sein Wunsch nach Leiden Hochmut ist. Und der Versucher hält ihm seine eigenen Worte entgegen:

You know and do not know, what is to act or suffer.
(p. 27)

War es nicht schon Hochmut, daß er besser zu wissen glaubte als die einfachen Frauen? Aber der Versucher hilft ihm zur befreienden Einsicht:

The last temptation is the greatest treason:
To do the right deed for the wrong reason.

Unten: Der Martertod des hl. Thomas von Canterbury. Gemälde von Meister Francke. Hamburg, Kunsthalle

Bei der Verleihung des Nobelpreises 1948

Die letzte Versuchung ist der größte Verrat:
Das Rechte aus einem falschen Grunde zu tun.

(p. 30)

In der Predigt, die er am Weihnachtsmorgen hält, teilt er seine endgültige Erkenntnis mit:

> *... der wahre Märtyrer ist der, der zum Werkzeug Gottes geworden ist, dessen Wille in Gottes Willen aufgeht, der nichts mehr für sich selbst begehrt, nicht einmal den Ruhm des Märtyrertums.*

(p. 33)

Thomas löst sich vom kreisenden Rad und tritt in die unbewegte Mitte. In seinem Sterben überwindet er die Polarität und gegenseitige Bezogenheit von Handeln und Leiden und vereint beides in der Einswerdung mit dem Willen Gottes. Das freilich versteht nur der Gläubige; der Chor, der anfangs vor dem bevorstehenden Geschehen zurückschreckte, bezeugt seinen Glauben dadurch, daß er den Tod des Märtyrers betrauert und zugleich als Gnadengeschenk preist. Auch Freude und Trauer sind in Gott eins.

Formal ist das Drama der griechischen Tragödie nachgebildet. Wie im «König Ödipus» oder im «Ödipus auf Kolonos» des Sophokles bleibt die Hauptperson fast durchweg auf der Bühne, die Nebengestalten treten dazu und gehen wieder ab. Aber die Unterschiede sind schon durch das Thema gegeben – die Griechen wußten nichts vom Problem des Märtyrerseins.[1] Darum wandelt Eliot auch die Form dem Thema gemäß ab; manche Reden erinnern an das mittelalterliche Schauspiel (er selbst verweist in *Poetry and Drama* auf den Vers der Moralität «Everyman» als sein metrisches Vorbild [*Poetry*, p. 80]); die Predigt ist in Prosa abgefaßt, ebenso die Reden der vier Ritter, die ihre Tat zu rechtfertigen suchen.

Die Ritter wenden sich unmittelbar zum Publikum, was, nach den Maßstäben der konventionellen Dramaturgie, ein «Illusionsbruch» ist. Aber Eliot zielt so wenig wie Shakespeare oder Yeats auf Illusion ab; der Zuschauer soll nicht glauben, daß er einem Abbild von Vergangenem beiwohnt, das ihn eigentlich nichts angeht, sondern nur freundlich unterhält. Gerade das als Spiel begriffene Spiel zeigt ihm die Aktualität des Vorgespielten, und sollte er dieser Erkenntnis doch ausweichen, dann zwingen ihn die Ritter dazu. Sie verteidigen nämlich den Mord als politische Notwendigkeit: die Kirche darf sich nicht in die Belange des Staates einmischen; Thomas war gemeingefährlich und verrückt. Denkt nicht der moderne Mensch genauso? Hält er nicht die Religion für Privatsache und die Kirche, soweit er sie überhaupt anerkennt, für ein Mittel zur feiertäglichen Erbauung?

Mit den vier Rittern wollte Eliot das Publikum aus seiner Selbstgefälligkeit aufschrecken. (*Poetry and Drama* [*Poetry*, p. 81]) Dem Vernehmen nach hat das Publikum nicht immer wunschgemäß reagiert. (Grover Smith, Jr.: «T. S. Eliot's Poetry and Plays», p. 194) Shaw, den Eliot, wie er selbst vermutet, bei dieser Gelegenheit ein wenig nachahmte, hat ähnliche Erfahrungen gemacht.

Eliots nächstes Stück, *The Family Reunion* [*Der Familientag*] wurde im März 1939 am Westminster-Theater in London uraufge-

---

1 Mehr noch als mit der griechischen Tragödie hat *Murder in the Cathedral* mit Miltons «Samson Agonistes» gemeinsam, der auch eine christliche Modifikation des antiken Vorbilds ist.

führt. Es stellt ein modernes Milieu auf die Bühne – wenn man ein altes Herrenhaus im Norden Englands mit seinen aristokratischen und altmodisch lebenden Bewohnern als «modern» bezeichnen kann. Das Thema ist aus der antiken Tragödie übernommen: Harry, Lord Monchensey, steht im Verdacht, seine Frau umgebracht zu haben, er ist ein neuer Orestes, den die Eumeniden verfolgen. Sie erscheinen sogar leibhaftig auf der Bühne, worüber Eliot allerdings, wie er in *Poetry and Drama* gesteht (a. a. O., p. 84), nicht recht glücklich war: sie wirken weder als griechische Göttinnen noch als moderne Spukgestalten. (Man muß sich bei dieser Gelegenheit klarmachen, daß es im heutigen England noch mehr Spuk gibt als anderswo.) Der Versuch, das antike Drama der Gegenwart anzupassen, schien ihm fehlgeschlagen.

Vielleicht deswegen ließ Eliot zehn Jahre vergehen, bis er wieder mit einem Drama hervortrat. *The Cocktail Party,* die im Sommer 1949 bei den Festspielen in Edinburgh uraufgeführt wurde, war sein größter Erfolg; viele Theater der Welt haben das Stück gespielt, und ungezählte Zuschauer haben über seinen Sinn diskutiert. Eliot war als Dramatiker etabliert, so kamen die beiden folgenden Stücke, *The Confidential Clerk* und *The Elder Statesman* [*Ein verdienter Staatsmann*] wiederum nach Edinburgh zur Uraufführung (1953 bzw. 1958), um von da aus wiederum ihren Weg über verschiedene Bühnen zu nehmen. Es ist sehr fraglich, ob sie die gleiche Startchance erhalten hätten, wenn nicht Eliot ihr Autor gewesen wäre.

Schon mit *The Family Reunion,* mehr noch mit den folgenden Stücken, verwendete Eliot dramatische Formen, gegen die er als junger Mann revoltiert hatte. Zwar schrieb er noch Verse, aber man merkt ihnen kaum noch den Rhythmus an, die Verse stehen zumeist nur auf dem Papier und werden nicht lebendig: die «Trommel» tönt nicht mehr. Das entspricht freilich den Fähigkeiten moderner Schauspieler und, wie es scheint, den Wünschen des modernen Publikums, dem Eliot auch dadurch entgegenkam, daß er es mit derber Unterhaltung – wie sie seiner Meinung nach die Elisabethaner erwarteten – regalierte. Er schreckte nicht davor zurück, erprobte, wenn auch ein wenig ausgelaugte komische Tricks anzuwenden.

So erfahren wir im ersten Dialog des *Confidential Clerk,* daß Colby Simpkins, der neue Privatsekretär von Sir Claude Mulhammer, der uneheliche Sohn seines Chefs ist – und daß seine Frau, Lady Elizabeth, ihren gleichfalls unehelichen Sohn *verloren,* oder besser gesagt, *verlegt* (*mislaid*) hat. Die Komik dieser Duplizität, die durch das Wort «verlegt» erhöht wird, verstärkt sich dadurch, daß Eggerson, der alte Privatsekretär, seinen Sohn im Kriege eingebüßt hat. Das Betrübliche wird zur Groteske. Nicht genug damit. Lucasta, die

Mit seiner zweiten Frau bei der Uraufführung von «The Elder Statesman», 1958

etwas exaltierte jugendliche Naive, erweist sich als Sir Claudes uneheliche Tochter, ihr Verlobter B. Kaghan zuerst als Findling, dann als Lady Elizabeths «verlegter» Sohn, während Simpkins, den Lady Elizabeth eine Zeitlang für sich beansprucht, in Wahrheit der Sohn seines legitimen, aber inzwischen verstorbenen Vaters ist.

Dieses Spiel mit Vater-, Mutter- und Kindschaft stammt aus der griechischen Komödie, von wo aus es zu Plautus und Terenz, dann etwa in die Romane Fieldings und schließlich zu Oscar Wildes «The Importance of Being Earnest» gelangte; doch wird es nirgendwo so übertrieben wie bei Eliot, der hier seinem Hang zum Skurrilen ungehemmt nachgibt. Leider erweckt er dabei den Eindruck, als wolle er mit seinen Possen eine gewichtige «Aussage machen», und zudem besitzt er nicht Wildes ironische Eleganz, die ihm offensichtlich Vorbild war, denn Lady Elizabeth stammt sicher von Lady Augusta Bracknell ab, der Tante Algernons in «The Importance ob Being Earnest». Allerdings trifft man – glücklicherweise – derlei majestätische, an Komitees, Kultur oder dem Geistigen interessierte Damen, die bei aller Würde ihrer Komik halb bewußt sind, auch jetzt noch in der englischen Gesellschaft.

Lady Elizabeth soll am Flugplatz abgeholt werden – sie erscheint jedoch, überraschend und verfrüht (verfrüht, weil sie nicht geflogen, sondern mit dem Zug gefahren ist!) in dem Augenblick, als von ihr die Rede ist. Auch damit verwendet Eliot einen bewährten Komödientrick, den das Publikum unweigerlich mit Gelächter belohnt. Auf das mehrmalige Wiederauftreten einer Person, die sich schon endgültig verabschiedet zu haben schien, reagiert es ebenso: Eliot hat dieses Klischee in die *Cocktail Party* eingefügt. Hier findet sich Edward Chamberlayne in einer peinlichen Situation: seine Frau hat ihn verlassen, und trotzdem muß er eine für den Abend des gleichen Tages anberaumte Party geben. Als ihn die Gäste bis auf einen, den *Unbekannten Gast* verlassen haben, atmet er auf und setzt zu einer Aussprache an: da klingelt es, und Julia Shuttlethwaite, eine ältere Dame, kehrt zurück, um ihren vergessenen Regenschirm zu holen. Kaum ist die Aussprache beendet, da kommt Julia wieder, diesmal von Peter begleitet, der auch schon Abschied genommen hatte, und dann kehrt Alex zurück, weil er Edward zum Essen ausführen möchte, usw. usw. Diese Komik, die an Bergsons Theorie des Lachens denken läßt, steht im Zusammenhang damit, daß die Gestalten wie Marionetten wirken. Am auffälligsten in *The Family Reunion,* wo die Nebenpersonen sich manchmal zum Chor zusammentun und das aussprechen, was sie sonst nicht sagen würden, zum Beispiel:

Why do we feel embarrassed, impatient, fretful, ill at ease,
Assembled like amateur actors who have not been assigned
their parts?

Warum fühlen wir uns verwirrt, ungeduldig, ärgerlich, unwohl,
Versammelt wie Laienschauspieler, denen man ihre Rolle nicht
vorgeschrieben hat?

Die Akteure bezeichnen sich selbst als Schauspieler (was sie auch sind, aber in einem anderen Sinne); dadurch intensiviert sich die Atmosphäre des Irrealen, Unrealistischen. Auf eine andere Weise erzeugt sie Eliot in der *Cocktail Party,* wo der *Unbekannte Gast* wie der Bote aus einer fremden, womöglich höheren Welt wirkt, oder in *The Elder Statesman.* Hier wird Lord Claverton, der eben seinen wohlverdienten Ruhestand angetreten hat, von zwei seltsamen Personen heimgesucht, die etwas Unrühmliches aus seiner Vergangenheit wissen, von Sr. Gomez, der früher Fred Culverwell hieß und mit ihm in Oxford war, und von Mrs. Carghill, früher Maisie Batterson, seiner Jugendgeliebten, der er einmal leichtfertig die Ehe versprochen hatte. Aber sie existieren nicht mehr, wie er sagt, sie sind *Geister*, Schatten der verwehten Jugend, von denen er sich durch eine Art von Beichte befreit.

Damit nun bemerken wir, daß Eliot mehr als bloße Unterhaltung geben wollte. Er bemühte sich, sein Publikum zur Reflexion zu veranlassen. Insbesondere macht er die Wirklichkeit zum Problem: schon dadurch, daß er trotz des realistischen Dekors und trotz des im ganzen realistischen Dialogs keine Illusion aufkommen läßt, mehr und ausdrücklicher noch durch die wiederholt aufgeworfene Frage, was Wirklichkeit sei.

Das hat nichts mit «Wirklichkeitszerfall» oder «Wirklichkeitszertrümmerung», wovon Edgar Lohner (in seiner Benn-Monographie, auch in «Schiller und die moderne Lyrik») und andere sprechen, zu tun, sondern es geht darum, ob das, was man Wirklichkeit nennt, vielleicht zu Unrecht so genannt werde. Harry sagt in *The Family Reunion*:

What you call normal
Is merely the unreal and the unimportant.

Was ihr wirklich nennt
Ist lediglich das Unwirkliche und Bedeutungslose.
(p. 98)

Der «normale» Mensch nennt das Normale wirklich; für Celia (*The Cocktail Party*) kehren sich, ähnlich wie für Harry, die Verhältnisse um:

Perhaps the dream was better. It seemed the real reality
And if this is reality, it is very like a dream.

Vielleicht war der Traum besser. Er schien die wirkliche Wirklichkeit,
Und wenn dies Wirklichkeit ist, dann ist sie ganz wie ein Traum.
(p. 151)

Und:

... the world I live in seems all a delusion!

... die Welt, in der ich lebe, kommt mir ganz wie eine Täuschung vor!

(p. 185)

Die Zitate ließen sich vermehren.[1] Nur noch zwei Stellen aus *Murder in the Cathedral* seien angeführt. Der vierte Versucher sagt zu Thomas:

All things are unreal
Unreal or disappointing ...
... man passes
From unreality to unreality.

Alle Dinge sind unwirklich,
Unwirklich oder enttäuschend ...
... der Mensch geht
Von Unwirklichkeit zu Unwirklichkeit.

(p. 28)

Thomas erkennt später:

Human kind cannot bear very much reality.

Die menschliche Natur kann nicht sehr viel Wirklichkeit ertragen.

(p. 43)

Genauso heißt es später in den *Four Quartets* (p. 8), bei deren Besprechung wir dieses Thema noch einmal aufgreifen müssen. Hier sei nur festgestellt, daß es für Eliot durchaus Wirklichkeit gibt (die Wirklichkeit ist nicht «zerfallen»), nur anderswo, als zumeist angenommen.

Obwohl Eliot Unterhaltung mit Problematik verbindet, ist es doch nicht sicher, ob er beides so, wie er beabsichtigt, zu einem Kunstwerk vereint. Schauen wir uns daher zum Abschluß die *Cocktail Party* an.

Bei der Party, deren Situation ich oben skizziert habe, ist außer den alten Freunden des Hauses – Julia, Celia, Alex, Peter – auch der *Unbekannte Gast* (*Unidentified Guest*) anwesend; er bleibt, als die

---

1 Ich notiere noch, ohne Anspruch auf Vollständigkeit: *The Cocktail Party*, p. 135, p. 143, p. 151, p. 168, p. 189; *The Confidential Clerk*, p. 236–237, p. 244, p. 245.

anderen sich verabschieden. Auch Edward Chamberlayne kennt ihn nicht, trotzdem vertraut er sich ihm an und gesteht, daß er die Rückkehr seiner Frau wünscht. Der Unbekannte analysiert ihn, manchmal in sehr grober Weise, und kündigt schließlich an, daß Lavinia, Edwards Frau, in vierundzwanzig Stunden wieder hier sein werde. Er scheint also die Fäden in der Hand zu halten, er wirkt fast wie ein Allwissender; dabei trinkt er fortwährend Gin mit Wasser und stimmt am Ende der Unterhaltung ein Lied an, als habe ihn der Schnaps in Fröhlichkeit versetzt.

Im zweiten Akt enthüllt sich der *Unbekannte Gast* als der Psychiater Sir Harcourt-Reilly (Eliots Gesellschaftsdramen spielen, nebenbei bemerkt, stets in den besten Kreisen), dessen Sprechzimmer der Schauplatz ist. Er heilt zunächst die Ehe Edwards mit Lavinia, indem er beide der Selbsterkenntnis zuführt, dann berät er Celia, die Edwards Geliebte war (so wie Peter der Geliebte Lavinias), und schickt sie, die selbst zum Finden der Wahrheit begabt ist, auf den ihr gemäßen Weg.

Zwischen den beiden Konsultationen erscheint Julia, die wir bisher als rein komische Figur kannten, und erweist sich als Freundin und Vertraute Sir Henrys, zum Schluß kommt noch Alex – ebenfalls bisher komische Figur – und erweist sich auch als Freund und Vertrauter des Seelenarztes. Die drei trinken in der Form eines Rituals auf das Wohl der Patienten. Vermutlich kommt Derartiges nicht häufig im Sprechzimmer eines Psychiaters vor.

Schauplatz des dritten Aktes ist wieder die Wohnung der Chamberlaynes, die, nunmehr versöhnt, gemeinsam eine Cocktailparty vorbereiten. An ihr nehmen alle bekannten Personen teil – bis auf Celia, die, wie Alex berichtet, als Missionsschwester tätig war und von aufständischen Eingeborenen grausam ermordet worden ist.

Daß dieses Drama viel diskutiert wurde, läßt sich verstehen; besonders Sir Henry regt Publikum und Kritiker zur Spekulation an. Ist er womöglich ein Symbol der göttlichen Vorsehung? Sicher ist er kein gewöhnlicher Arzt, eher ein Priester. Wie aber erklärt sich seine Vorliebe für Gin mit Wasser? Und warum fängt er so unvermittelt an zu singen?

In seinem Vortrag *Poetry and Drama* lüftet Eliot das Geheimnis, die Quelle seiner Geschichte (*the source of my story*), so sagt er, sei die «Alkestis» des Euripides! Und er stellt fest, daß niemand etwas davon gemerkt habe, daß aber diejenigen, denen er das sonderbare Verhalten seines *Unbekannten Gastes* mit einem Hinweis auf das Verhalten des Herakles in jenem Drama erklärt habe, von ihren Skrupeln befreit worden seien (a. a. O., p. 85).

Mit dem Quellenvergleich beschwört Eliot eine Fee, die für gewöhnlich von den Philologen beansprucht wird. Aber sie dient nicht immer zuverlässig, sie führt auch irre. In diesem Falle nun wurde Eliot selbst in die Irre geführt, und mit ihm alle die Kritiker, die seinem Wink dankbar gefolgt sind. Denn betrachten wir die «Alkestis»:

Der König Admetos hat von Apollon die Gunst erhalten, daß er weiterleben darf, wenn sich ein anderer bereit erklärt, statt seiner vorzeitig in den Hades zu gehen. Als ihm nun der Tod angekündigt wird, willigt allein seine Frau Alkestis ein, für ihn zu sterben – nicht einmal seine alten Eltern, die doch ohnehin bald die Erde verlassen müssen, wollen sich opfern –, und Admetos nimmt ihr Anerbieten an, obwohl er klagt, daß er die geliebte Frau und Mutter seiner Kinder einbüßt.

In das Trauerhaus kommt Herakles; er wird gastlich aufgenommen und erfährt nichts von dem, was geschehen ist. Er läßt es sich gut gehen, ißt, trinkt, lärmt – bis ihn ein Diener dafür tadelt und ihm schließlich eröffnet, daß Alkestis gestorben sei. Herakles eilt sofort zu ihrem Grab, entreißt sie dem Tod, der sich mit ihr davonmachen will, und bringt sie wieder zu ihrem Mann zurück.

Das Drama des Euripides, dessen Subtilität hier leider nicht untersucht werden kann, enthält zwei Motive: das des stellvertretenden Sterbens und das des Kampfes mit dem (gestalthaften Dämon) Tod. Beide Motive sind aus Mythos und Märchen bekannt. In der *Cocktail Party* kommen sie nicht vor. Denn weder stirbt Lavinia für Edward, noch ringt Sir Henry mit dem Todesgott. Er hat mit Herakles nur das Trinken und das ungebührliche Lärmen gemein: wobei noch der gewichtige Unterschied besteht, daß Herakles zunächst nichts, Sir Henry von vornherein alles weiß.

Nun sagt Sir Henry allerdings, es sei *eine ernste Sache, jemanden von den Toten zurückzubringen* (p. 156). Da er auf sein eigenes Tun anspielt – er führt ja Lavinia wieder ihrem Mann zu –, sieht zum Beispiel Grover Smith Jr. darin eine Parallele zur «Alkestis» (a. a. O., p. 128–129). Aber dabei schwört er auf die Worte des Meisters und beachtet den Kontext nicht. Denn Sir Henry meint nicht, daß Lavinia in dem Sinne «gestorben» sei, wie man es gewöhnlich von jemandem sagt, sondern erklärt auf Edwards erstaunte Frage, daß *wir alle einander täglich absterben*:

What we know of other people
Is only our memory of the moments
During which we knew them. And they have changed since then.

Was wir von anderen Leuten wissen,
Ist nur unser Erinnern an die Augenblicke,
Während derer wir sie kannten. Und seitdem haben sie
sich verändert.

(p. 156–157)

Dieser Gedanke aber spielt in der «Alkestis» keine Rolle.[1]

Wir können Eliot gern glauben, daß ihn die Lektüre des Euripides anregte; aber weder wird die *Cocktail Party* damit erklärt, noch werden ihre Unstimmigkeiten damit gerechtfertigt. Das Stück zerfällt in Unterhaltung und so etwas wie Belehrung; ein Ganzes ist es nicht geworden, sondern es ist, was Eliot vom Drama der Elisabethaner behauptete – *impure art* (*unreine Kunst*).

ABSCHLUSS UND VOLLENDUNG: FOUR QUARTETS

Eliots Dramen wirkten in die Breite; Kenner englischer Dichtung stellten die *Four Quartets* höher, manche ziehen sie sogar dem *Waste Land* vor. Wie das frühe Meisterwerk ist auch das späte ein Zyklus, war jedoch nicht von Anfang an als solcher geplant. Der erste Teil, *Burnt Norton*, erschien 1936 als selbständiges Gedicht in den *Collected Poems*; Eliot hatte dafür Bruchstücke, die er nicht in *Murder in the Cathedral* aufgenommen hatte, benutzt. *East Coker* folgte 1940, 1941 *The Dry Salvages*, 1942 *Little Gidding*; 1943 lag das ganze, als Einheit konzipierte Werk vor. Mit ihm nahm Eliot, wie Frank Kermode sagt, seinen Abschied von der Poesie. («New Statesman», 19. Februar 1965. Die negative Bewertung der späten Dramen ist in dieser Bemerkung impliziert.)

Die Titel der einzelnen Teile sind Namen von Örtlichkeiten. Eliot erläutert nur die Bedeutung von *The Dry Salvages* (und gibt auch die mögliche Etymologie – *les trois sauvages* – sowie die Aussprache an: salvages reimt sich auf assuages): es ist eine kleine Felsengruppe an der Nordostküste von Cape Ann, Massachusetts, in der Nähe also von dem Haus, wo er als Kind und Schüler den Sommer verbrachte. Die drei anderen Namen verweisen auf englische Lokalitäten. Burnt

---

1 Was hier über das Verhältnis der «Alkestis» zur *Cocktail Party* gesagt ist, gilt mutatis mutandis auch für das Verhältnis des «Ion» zum *Confidential Clerk* und der «Orestie» zur *Family Reunion*. Es ist verwunderlich, daß diese simplen Sachverhalte eigens betont werden müssen, da doch alle griechischen Dramen auch in Übersetzungen vorliegen.

Norton ist ein Landsitz in Gloucestershire, nicht weit von Chipping Camden gelegen; dort hielt sich Eliot im Sommer 1934 auf. East Coker, ein Dorf im Südosten von Somersetshire, ist die Heimat seiner Familie, die von da zu Beginn des 17. Jahrhunderts nach Amerika auswanderte; Eliot erkundete das Dorf und seine Umgebung im August 1937. Little Gidding liegt in Huntingdonshire; es beherbergte im frühen 17. Jahrhundert eine kleine anglikanische Gemeinde besonderer Art, bei der König Karl I. (den Cromwell hinrichten ließ) dreimal zu Gast war. Ihre Kapelle wurde von den Puritanern zerstört und im 19. Jahrhundert wiederaufgebaut. Auch diese historische Stätte hat Eliot besucht.

Das Gedicht steht, wie diese Angaben erkennen lassen, mit Eliots Leben, mit seiner Vergangenheit und seinem Glauben in enger Beziehung (vgl. dafür Grover Smith, Jr.: «T. S. Eliot's Poetry and Plays», p. 251 f); es ist in der Weise mit dem heimatlichen Boden und der Geschichte verbunden, wie es seiner Meinung nach die Kultur überhaupt sein muß.

Die Untertitel lassen darum eine sehr persönliche Aussage erwarten; der Titel des Gesamtwerks aber scheint anzukündigen, daß Eliot die Dichtung in Musik verwandeln möchte, was, einer verbreiteten Meinung nach – deren Richtigkeit hier nicht zur Debatte stehe –, das Ziel der französischen Symbolisten war. Damit würde die Sprache des Sinns beraubt werden, das Wort würde aufhören, etwas mitzuteilen, es würde nur noch singen, nur noch klingen, und nichts mehr sagen. Doch stellt Eliot *Burnt Norton* zwei Heraklit-Zitate voran, deren erstes lautet: τοῦ λόγου δ'ἐόντος ξυνοῦ ζώουσιν οἱ πολλοὶ ὡς ἰδίαν ἔχοντες φρόνησιν. Dieser griechische Satz läßt sich knapp in keiner modernen Sprache wiedergeben, da «logos» die Einheit von Wort, Rede, Gedanke, Vernunft und Sinn bedeutet. (Bekanntlich hat Goethes Faust mit der Übersetzung Schwierigkeiten.) Wenn wir daher «logos» beibehalten, können wir auf deutsch sagen: «Obwohl der ‹logos› allen gemeinsam ist, leben die meisten so, als hätte jeder seine eigene Vernunft.» Damit kündigt Eliot an, daß er etwas Vernünftiges und Sinnvolles zu sagen vorhat, und zwar etwas, das alle angeht und das alle kennen müßten. Offenbar will er aus seinem persönlichen Erleben eine allgemeine Wahrheit herausholen und das Besondere zu einem allgemeinen Symbol machen: also eben das leisten, was, seinem Vortrag in Dublin zufolge, der späte Yeats zuwege brachte. (*Poetry*, p. 255; vgl. auch S. 18 f.)

Die Sprache war für Eliot grundsätzlich Träger von Sinn. In einer theoretischen Äußerung stellt er sogar den Sinn, das «was», noch über das «wie»: die Dichtung soll *wesentlich Dichtung* sein, *ohne alles Poetische* (*without anything poetic about it*), *so transparent, daß man die Dichtung nicht sieht, sondern nur das, was man durch die Dichtung hindurch sehen soll, eine so transparente Dichtung, daß man beim Lesen nur auf das achtet, worauf das Gedicht zeigt, und nicht auf das Gedichtete.* So zu schreiben war sein eigenes Bestreben (vgl. F. O. Matthiessen: «The Achievement of T. S. Eliot», p. 90).

Doch schloß Eliot nicht aus, daß der Dichter vom Studium der Musik profitieren kann: *... wieviel technische Kenntnis musikalischer Formen dazu nötig ist, weiß ich nicht, denn ich selbst besitze eine solche technische Kenntnis nicht. Doch ich glaube, daß die Eigentümlichkei-*

ten der Musik, die den Dichter am meisten betreffen, der Sinn für Rhythmus und der Sinn für Struktur sind. Es ist möglich, daß ein Dichter zu sehr in Analogie zur Musik arbeitet: das würde die Wirkung der Künstlichkeit zur Folge haben; aber ich weiß, daß ein Gedicht, oder der Abschnitt eines Gedichts, danach streben kann, sich zunächst als ein bestimmter Rhythmus zu verwirklichen, bevor es den Ausdruck im Wort erreicht, und daß dieser Rhythmus Idee und Bild aus sich gebären kann, und ich glaube nicht, daß nur ich diese Erfahrung gemacht habe. Die Verwendung wiederkehrender Themen ist der Dichtung ebenso natürlich wie der Musik. Der Vers hat Möglichkeiten, die in gewisser Weise der Entwicklung eines Themas durch verschiedene Gruppen von Instrumenten entsprechen; in einem Gedicht gibt es Möglichkeiten des Übergangs, die sich mit den verschiedenen Sätzen einer Symphonie oder eines Quartetts vergleichen lassen; und es gibt Möglichkeiten für die kontrapunktische Anordnung des dichterischen Gegenstands. In der Konzerthalle mehr noch als in der Oper kann der Keim eines Gedichts lebendig werden. Mehr kann ich darüber nicht sagen, sondern muß die Sache denen überlassen, die eine musikalische Ausbildung genossen haben. So sagte Eliot am Schluß seines Vortrags *The Music of Poetry* [*Musik im Vers*], den er 1942 in Glasgow hielt (vgl. *Poetry*, p. 26 f) – zu der Zeit also, da er an den *Four Quartets* arbeitete. Mit Recht sieht man in diesen Sätzen allgemein eine Selbstinterpretation: man sollte dabei jedoch auch bemerken, daß Eliot eine zu starke Analogie der Dichtung zur Musik für bedenklich hält. Daher scheint es angebracht, die *Four Quartets* nur als «eine Art von» dichterischer Kammermusik aufzufassen und sich davor zu hüten, etwa die vier Stimmen des Streichquartetts im Text zu bestimmen.

Der erste Abschnitt oder «Satz» von *Burnt Norton* zeigt, wie Eliots theoretische Intention in der Dichtung realisiert ist. Er beginnt mit einer Meditation über die Zeit:

Time present and time past
Are both perhaps present in time future,
And time future contained in time past.
If all time is eternally present
All time is unredeemable.
What might have been is an abstraction
Remaining a perpetual possibility
Only in a world of speculation.
What might have been and what has been
Point to one end, which is always present.

Gegenwärtige Zeit und vergangene Zeit
Sind vielleicht beide gegenwärtig in zukünftiger Zeit,
Und zukünftige Zeit (ist) enthalten in vergangener Zeit.
Wenn alle Zeit ewig gegenwärtig ist
Dann ist alle Zeit unerlösbar.
Was gewesen sein könnte, ist eine Abstraktion,
Die eine beständige Möglichkeit bleibt
Nur in einer Welt der Spekulation.
Was gewesen sein könnte, und was gewesen ist,
Weisen auf ein Ende, das immer gegenwärtig ist.

Der Leser hält (wie ich vermute) hier inne, um den Gedanken nachzuvollziehen. Eliot spricht von vier Formen der Zeit: Gegenwart, Vergangenheit, Zukunft, Möglichkeit (gewöhnlich kennen wir nur die ersten drei) – auch das, was gewesen sein könnte, ist, aber eben nur in der Weise des Möglich-Gewesen-Seins. Und alles zusammen ist die Zeit, die eine ist und bleibt, da sie sich ihrem Wesen als Zeit nach nicht verändert.

Die Sprache ist hier philosophisch-herb, abstrakte Substantiva überwiegen, die Verben, bis auf *point* alles Hilfsverben, stützen, ohne kräftig hervorzutreten. Aber es ist nicht die Sprache eines Philosophen, sondern eines Menschen, der zu reflektieren beginnt und nicht zu einem festen, sondern nur zu einem vorläufigen Ergebnis kommt. Es wird nicht erneut durchdacht; vielmehr löst es eine andere, unerwartete Bewegung aus:

Footfalls echo in the memory
Down the passage which we did not take
Towards the door we never opened
Into the rose-garden. My words echo
Thus, in your mind.

Schritte hallen im Gedächtnis nach,
Den Weg hinunter, den wir nicht einschlugen,
Zur Tür, die wir nie öffneten,
In den Rosengarten. Meine Worte hallen
So in deinem Geiste nach.

Die Meditation konkretisiert sich zur Anschauung – von etwas, das nicht ist und nicht gewesen ist. So aber stellt sich ein Bezug vom vorausgehenden abstrakten Gedanken her; der Weg, den wir nicht gingen, ist eine beständig bleibende Möglichkeit, und insofern ist auch er. Mit ihm ist auch der Rosengarten da, der sich dem spekulierenden – das heißt schauenden – Denken als gegenwärtig zeigt:

Other echos
Inhabit the garden. Shall we follow?
Quick, said the bird, find them, find them,
Round the corner. Through the first gate,
Into our first world, shall we follow
The deception of the thrush? Into our first world.

Noch anderer Nachhall
Bewohnt den Garten. Sollen wir ihm folgen?
Schnell, sagte der Vogel, such sie, such sie,
Um die Ecke. Durch unser erstes Tor,
In unsere erste Welt, sollen wir ihm folgen,
Dem Täuschen der Drossel? In unsere erste Welt.

Hier geht die Gegenwart (*inhabit*) fast unvermerkt in die Vergangenheit (*said*) über, und danach entsteht ein Bild, das, kaum entstanden, schon wieder zerfließt, in dem sich das «ist» mit dem «ist nicht» verbindet, und das Bekannte unbekannt ist und das Unbekannte bekannt. Da nämlich im Garten waren *sie* (*they*) – aber wer sind sie? Da *antwortete* der Vogel auf eine *ungehörte Musik*, da traf der *Strahl* eines *ungesehenen Auges*, und da fügten wir uns mit ihnen zu einer geordnet sich bewegenden Gruppe (*a formal pattern*), und da war ein *trockner Teich* mit *braunen Rändern*, der sich mit *Wasser aus Sonnenlicht* füllte, und der *Lotos erhob sich ganz ruhig*, und als *eine Wolke vorüberstrich*, war der Teich wieder *trocken. Kinder, im Laub verborgen*, lachten *aufgeregt*, und deswegen sagte der *Vogel*:

Go, go, go, said the bird: human kind
Cannot bear very much reality.

Fort, fort, fort, sagte der Vogel: menschliche Art
Kann nicht sehr viel Wirklichkeit ertragen.

Darauf folgen, plötzlich, aber nicht unvermittelt, Verse, die den Gedanken des Anfangs kondensiert wieder aufnehmen:

Time past and time future
What might have been and what has been
Point to one end, which is always present.

(p. 7–8)

Die Komposition dieses Abschnitts entspricht bis zu einem gewissen Grade dem Sonatensatz. Das Abstrakte steht dem Konkret-Anschaulichen entgegen und verbindet sich mit ihm zu einer dreiteiligen Gliederung (abstrakt – konkret – abstrakt); das Tempo ist zu Beginn langsam, beschleunigt sich mit *point*, verhält, um mit *other echos* rasch zu werden; dann steigert es sich zu einer gemessen ausgehaltenen Leidenschaft, die mit den drei Schlußversen in die Langsamkeit des Beginns zurücksinkt. Aber es zeigt sich auch, daß – ganz wie wir es nach dem oben Gesagten erwarten – die Analogie zum Sonatensatz nicht vollkommen ist, denn es stehen sich nicht zwei Themen gegenüber, vielmehr hat der Abschnitt ein Thema, das nur auf verschiedene Weise sprachlich gefaßt wird. Das Thema ist das Verhältnis der Zeit zum Zeitlosen oder Ewigen. Die Durchführung zeigt, daß beide koinzidieren und zugleich verschieden sind – oder daß beide einander bedingen, ohne Ewigkeit gibt es keine Zeit, ohne Zeit keine Ewigkeit. Oder wieder anders gesagt: als immer sich selbst gleich ist die Zeit Ewigkeit, als sich bewegend ist sie nicht Ewigkeit. Die Ewigkeit selbst kann nur mit Hilfe des Sich-Bewegenden, also des Zeitlich-Ablaufenden, gefaßt werden. Darauf verweist das Bild, das in der Mitte des ersten Abschnitts steht.

Es beschreibt das Paradies, das hinter einer Pforte liegt, durch die man gehen kann und doch nie geht; die erste Welt, den Ursprung, wo die Kinder pflanzenhaft im Gebüsch wachsen, wo sich ein trokkener Teich mit Wasser aus Licht füllt, mit einem Wasser, das kein gewöhnliches Wasser ist, wo die Lotosblume, das Symbol der Mitte und des reinen Anfangs, wächst. Diese erste Welt ist vertraut, weil wir ihr eigentlich angehören, und doch ist sie fremd, weil wir nicht in ihr verweilen können; der Vogel, dem Ursprung des Lebens näher als wir Menschen, hütet sie, er lockt und vertreibt. Die erste Welt, das Paradies, ist die reine Wirklichkeit, das Wirkende an sich, das dem Fluß der Zeit enthoben ist – oder besser, sein Abbild, denn die reine Wirklichkeit kann nur durch das Zeitliche und durch das sich verändernde Zeitwort ausgesagt werden: weswegen denn das Bild des Paradieses nicht «steht», sondern sich bewegt.[1]

Die reine Wirklichkeit kann an sich nicht ausgesagt werden, denn sobald sie Sprache wird, tritt sie in die Zeit ein und ist nicht mehr, was sie ist. Darum kann sie aber auch ganz anders ausgesagt werden als durch das Bild des Paradieses:

---

1 Eine detaillierte Interpretation dieses ersten Abschnitts gibt W. Erzgräber in «Herrigs Archiv» 196, S. 1 f («Die Gartenszene in T. S. Eliots *Burnt Norton*»). Über die Thematik des Irdischen Paradieses findet sich Genaueres in meinem «Yeats», Kap. IV, sowie in «Symbol und Mythos in englischer Dichtung».

At the still point of the turning world. Neither flesh nor fleshless;
Neither from nor towards; at the still point, there the dance is,
But neither arrest nor movement. And do not call it fixity,
Where past and future are gathered. Neither movement from nor towards,
Neither ascent nor decline. Except for the point, the still point,
There would be no dance, and there is only the dance.
I can only say, there we have been: but I cannot say where.
And I cannot say, how long, for that is to place is in time.

Am stillen Punkt der sich drehenden Welt. Weder Fleisch noch nicht Fleisch;
Weder von-weg noch hin-zu; am stillen Punkt, da ist der Tanz,
Aber weder Anhalten noch Bewegung. Und nenne es nicht Festsein,
Wo Vergangenheit und Zukunft versammelt sind. Weder Bewegung von-weg noch hin-zu,
Weder Aufstieg noch Abstieg. Wäre nicht der Punkt, der stille Punkt,
Wäre der Tanz nicht, und es gibt nur den Tanz.
Ich kann nur sagen; dort sind wir gewesen,: aber ich kann nicht sagen, wo.
Und ich kann nicht sagen, wie lange, denn das hieße, es in die Zeit zu setzen.

(p. 9)

Während Eliot oben die Sprache des Mythos spricht, verwendet er hier das Paradox, um in Gegensätzen und Widersprüchen auf das Unsagbare zu verweisen. Beide Medien sind uralt, beide geben dem nur formal Denkenden, der weder die Wahrheit des Mythos noch die Wahrheit des Paradoxen begreift, Ärgernis, und beide sind stets neu, weil sie allein das leisten, was eine unbildlich-unmythische, auf widerspruchslose Begrifflichkeit abzielende Sprache nicht vermag.

Auch der Mythos und das Paradox müssen genau und klar sein. Aber können sie es? Gibt es überhaupt ein Sprechen, das seinen Gegenstand eindeutig erfaßt? Es ist nur konsequent, wenn sich Eliots Reflexion auf die Sprache selbst richtet:

Words strain,
Crack and sometimes break, under the burden,
Under the tension, slip, slide, perish,
Decay with imprecision, will not stay in place,
Will not stay still. Shrieking voices,

Scolding, mocking, or merely chattering,
Always assail them.

Die Wörter mühen sich,
Zerspringen und brechen manchmal, unter der Last,
Unter der Spannung, rutschen, gleiten, vergehen,
Verfallen durch Ungenauigkeit, bleiben nicht stehen,
Bleiben nicht ruhig. Schreiende Stimmen,
Scheltend, spottend oder bloß schnatternd
Dringen stets auf sie ein.

(p. 12)

Die Reflexion über die Sprache setzt immer wieder an; der Dichter kritisiert sich, ist unzufrieden mit sich; im fünften Abschnitt von *East Coker* wendet er sich ausdrücklich seinem eigenen Tun als Dichter zu:

So here I am, in the middle way, having had twenty years –
Twenty years largely wasted, the years of l'entre deux guerres –
Trying to learn the use of words, and every attempt
Is a wholly new start, and a different kind of failure
Because one has only learnt to get the better of words
For the thing one has no longer to say, or the way in which
One is no longer disposed to say it. And so each venture
Is a new beginning, a raid on the inarticulate
With shabby equipment always deteriorating
In the general mess of imprecision of feeling,
Undisciplined squads of emotion.

Hier bin ich denn, in der Mitte des Wegs, nach zwanzig Jahren –
Zwanzig meist vertanen Jahren, den Jahren von l'entre deux guerres –
Und versuche, den Umgang mit Wörtern zu erlernen, und jeder Versuch
Ist ein gänzlich neuer Anfang, und eine andere Art von Fehlschlag,
Weil man nur gelernt hat, mit Wörtern fertig zu werden,
Um etwas zu sagen, das man nicht mehr zu sagen braucht, oder auf eine Weise,
In der man es nicht mehr sagen möchte. Und so ist jedes neue Vorhaben
Ein völlig neues Beginnen, ein Angriff auf das Nicht-artikulierte,

Mit einer schäbigen Ausrüstung, die immer schlechter wird
Im allgemeinen Schlamassel der Ungenauigkeit des Fühlens,
Der undisziplinierten Scharen des Erregtseins.

(p. 21–22)

Auch diese Wendung zum eigenen Ich ist konsequent: das Verhältnis von Zeit und Ewigkeit führt zum Nachdenken über die Sprache und dann zum Nachdenken über den, der spricht.

Doch hier, wo Eliot sagt, daß er nichts mehr zu sagen habe, oder sich nur noch unnütz wiederholen könne, sagt er etwas Neues, etwas, das jedenfalls in seinem Werk neu und noch nicht gehört ist. Nirgendwo früher spricht er so bekenntnishaft von sich selbst; das Prinzip der Unpersönlichkeit, das er als junger Mann beinahe leidenschaftlich vertrat, ist aufgegeben.

Selbstaussage, Kritik am eigenen Tun und Dichten, Selbstauslegung durchziehen das Ganze der *Four Quartets* und gipfeln schließlich in der Begegnung mit dem *vertrauten, zusammengesetzten Geist* (*familiar compound ghost*), der sowohl *nahe bekannt* als *nicht-identifizierbar* ist: einer Gestalt, die alle die in sich vereinigt, die sich gleich Eliot um die Reinheit der Sprache bemühten und ihm darum Vorbilder waren – wir mögen an Pound denken, an Babbitt, an Mallarmé, an Yeats [1], vor allem aber denken wir an Dante, dessen «Inferno» der Stil und die Bewegung der Szene ins Gedächtnis rufen. Denn Eliot trifft diesen Geist in der unsicheren Stunde vor dem Morgengrauen, als er nach einem Fliegerangriff durch das brennende London geht (es ist hier interessant, zu wissen, daß er Luftschutzwart war), in einer Situation also, wo sich die normale Wirklichkeit auflöst, transparent wird, und den Charakter einer höllischen Jenseitigkeit annimmt.

Der Dichter tritt nicht nur deswegen selbst auf, weil ihn das Denken über die Sprache auf sich als den Sprechenden verweist. Sondern das Persönliche und Erlebte bildet jeweils den Grund, von dem aus er in die überzeitliche Wirklichkeit hinein transzendiert. Deswegen tragen die einzelnen Teile des Gedichts Namen von Örtlichkeiten, an denen er sich aufgehalten hat, und die jeder Mensch im kartographischen Raume finden kann. Jeder Ort führt über die Welt hinaus in

---

1 Die Verse: *Since our concern was speech, and speech impelled us / To purify the dialect of the tribe* übernehmen Mallarmés «donner un sens plus pur aux mots de la tribu» aus «Le Tombeau d'Edgar Poe». Daß Babbitt und Pound mitgemeint sind, habe ich oben vermutet (vgl. den Schluß von «Herkunft und Bildung», S. 59 f; Frank Kermode glaubt, daß Yeats prädominiere, vgl. «New Statesman», 19. Februar 1965.

das Ort- und Zeitlose, aber für uns ist es jeweils nur der eine konkrete Ort, von dem wir aufbrechen:

There are other places
Which are also the world's end, some at the sea jaws,
Or over a dark lake, in a desert or a city –
But this is the nearest, in place and time,
Now and in England.

Es gibt noch andere Orte,
Die auch das Ende der Welt sind, manche an den Wellen des Meeres,
Oder bei einem dunklen See, in einer Wüste oder einer Stadt –
Aber dies ist der nächste in Raum und Zeit,
Jetzt und in England.

(*Little Gidding,* p. 36)

Nur das jeweilige «Jetzt und Hier» wird durchsichtig und transzendierbar. Aus der Berührung mit ihm gewinnt die Sprache Eliots eine pulsierende Kraft, die ebenso neu ist wie die Einführung des Persönlichen. Eliot, der Dichter der Großstadt, wird zum Dichter des Elementaren und sieht in ihm das Göttliche:

I do not know much about gods; but I think that the river
Is a strong brown god – sullen, untamed and intractable,
Patient to some degree, at first recognised as a frontier,
Useful, untrustworthy, as a conveyor of commerce;
Then only a problem concerning the builder of bridges.
The problem once solved, the brown god is almost forgotten
By the dwellers in cities – ever, however, implacable,
Keeping his seasons and rages, destroyer, reminder
Of what men choose to forget. Unhonoured, unpropitiated,
By worshippers of the machine, but waiting, watching and waiting.
His rhythm was present in the nursery bedroom,
In the rank ailanthus of the April dooryard,
In the smell of grapes on the autumn table,
And the evening circle in the winter gaslight.

Ich verstehe nicht viel von Göttern; aber ich glaube der Fluß
Ist ein starker brauner Gott – mürrisch, ungezähmt und unverträglich.

Geduldig bis zu gewissem Grad, zuerst als Grenze erkannt;
Nützlich, unzuverlässig, als Beförderer des Handels;
Dann nur ein Problem, das den Erbauer von Brücken angeht.
Ist das Problem gelöst, wird der Fluß fast vergessen
Von den Bewohnern der Städte – doch immer, wie immer, unbefriedbar,
Bewahrt er seine Zeit und seinen Zorn, Zerstörer, Mahner
An das, was die Menschen vergessen wollen. Ungeehrt, unversöhnt
Von Anbetern der Maschine, aber wartend, lauernd und wartend.
Sein Rhythmus war da im Kinderschlafzimmer,
Im üppigen Ailanthus des Torwegs im April,
Im Geruch der Trauben auf dem herbstlichen Tisch,
Am Abend im Kreis des Gaslichts im Winter.

(p. 25)

In diesen Rhythmen ersteht die Kindheit wieder, die Eliot in St. Louis am Ufer des Mississippi verbrachte: die dichterische Imagination hebt für einen Augenblick vergegenwärtigender Anschauung die Zeit auf und kehrt an den Ort des eigenen Ursprungs zurück.

Die *Four Quartets* begreifen die Zeit anders, als man sie heute aufzufassen pflegt. Einen Hinweis gibt bereits *Burnt Norton,* wo es heißt, daß die Zeit als solche immerwährende Gegenwart ist und daher ihrem Grund und Wesen nach mit der Ewigkeit eins. Diese im eigentlichen Sinne des Wortes paradoxe Konzeption – paradox, weil die gängige Meinung (doxa) die Zeit als eine Art Linie versteht, die irgendwo anfängt und in eine unbestimmt ferne Zukunft hineinläuft – verdeutlicht sich im Bilde des Tanzes, der unaufhörlich um eine Mitte kreist, die sich weder im Raum noch in der Zeit befindet, sondern nur in dem, was sie nicht ist – dem Tanz –, ist.

Damit erneuert Eliot – ähnlich wie Nietzsche im «Zarathustra» – eine Zeitauffassung, die den alten Kulturvölkern vertraut war. Sie kann hier nicht mit der modernen verglichen und auf ihre «Richtigkeit» geprüft werden; wir bemerken lediglich, daß sie die Gedanken und die Form des Gedichts bestimmt. Es ist wahrhaft ein Zyklus («kyklos» ist das griechische Wort für Kreis), da es sich immerfort um die eine, unfaßbare und unaussagbare Mitte dreht, und somit wieder und wieder an Punkte gelangt, die es schon berührt hat. Eliot ist sich dessen bewußt:

You say I am repeating
Something I have said before. I shall say it again.

Ihr sagt, ich wiederhole etwas,
Das ich schon vorher gesagt habe. Ich werde es noch einmal sagen.
(*East Coker*, p. 20)

Da er sich im Kreise bewegt, kann er sagen, daß Anfang und Ende dasselbe sind (*In my beginning is my end* [*East Coker*, p. 15]), womit er nur variiert den Gedanken aufnimmt, der den ersten Abschnitt vor *Burnt Norton* beschließt – daß Gewesenes und Mögliches auf das Gegenwärtige weisen.

Die variierende Wiederholung erklärt sich also nicht allein daraus, daß Eliot die Formensprache der Musik nachahmt, sondern sie ist die Methode dieser Dichtung, der Weg, der zu ihrem unerreichbaren Ziel hinführt. (Auch hier lohnt sich ein Blick auf die Etymologie: «methodos» heißt griechisch der Weg zu etwas.) Aber sie erzielt eben damit auch ihre musikalische Wirkung, den Rhythmus, der Klang und Sinn in einem ist.

Die *Four Quartets* sind mit dem, was hier gesagt wurde, nicht erschöpfend ausgelegt. Große Gedichte lassen sich überhaupt nicht erschöpfend auslegen; der Kritiker kann nur versuchen, einige Hinweise zu geben. Sollte es gelungen sein, den Leser davon zu überzeugen, daß Eliot mit seinem letzten Werk zur Vollendung gelangte, dann hat dieses abschließende Kapitel seinen Zweck erfüllt.

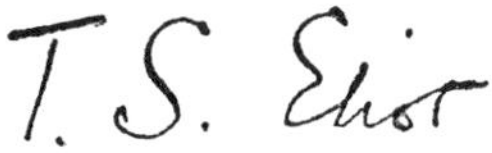

BIBLIOGRAPHISCHER HINWEIS

Die Gedichte und Dramen Eliots werden nach folgenden Ausgaben zitiert:
Collected Poems, 1909–1935, 1936
Four Quartets, 1954
Collected Plays, 1962

Wenn aus dem Zusammenhang hervorgeht, welcher dieser Bände gemeint ist, wird nur mit Seitenangaben zitiert.

Für die häufiger zitierten Prosaschriften gelten folgende Abkürzungen:
S E = *Selected Essays*, 1934
Use = *The Use of Poetry and the Use of Criticism*, 1933
Wood = *The Sacred Wood*, 1928
L A = *For Lancelot Andrewes*, 1928
Idea = *The Idea of a Christian Society*, 1939
Poetry = *On Poetry and Poets*, 1957
Notes = *Notes Towards the Definition of Culture*, 1948

Im übrigen vgl. die Bibliographie am Schluß des Bandes.

Die Übersetzungen der poetischen Texte sollen keine Nachdichtungen, sondern nur Hilfen zum Verständnis sein. Alle Übersetzungen stammen, wo nicht anders vermerkt, vom Verfasser.

ZEITTAFEL

1888	Thomas Stearns Eliot wird am 26. September als jüngstes der sieben Kinder von Henry Ware Eliot und Charlotte Champe, geb. Stearns, geboren in St. Louis, Missouri
1898–1905	Besuch der Smith Academy in Washington
1905	Eliots erste Publikation: *A Fable for Feasters* wird in der Zeitschrift «Smith Academy Record» 7 (Februar) abgedruckt
1905–1906	Besuch der Milton Academy in Massachusetts
1906–1909	Studium als Undergraduate in Harvard
1909	Bachelor of Arts
1909–1910	Mitherausgeber des «Harvard Advocate», in dem bereits seit 1907 mehrere Arbeiten Eliots (Gedichte, Rezensionen) erschienen waren
1910	Master of Arts
1910–1911	Aufenthalt und Studium in Paris
1911	Deutschland-Reise (München)
1911–1914	Studium als Postgraduate in Harvard
1914	Studium in Marburg, wegen des Kriegsausbruches abgebrochen Eliot lernt Ezra Pound kennen, der ihn fördert
1914–1915	Studium am Merton College, Oxford
1915	Eliot heiratet Vivienne Haigh-Wood (gest. 1947) Die angesehene amerikanische Zeitschrift «Poetry» veröffentlicht im Juni *The Love Song of J. Alfred Prufrock* Tätigkeit als Lehrer
1916–1918	Lehrtätigkeit an den Universitäten Oxford und London
1917	Eliots erster Lyrikband erscheint: *Prufrock and Other Observations*; im Verlag The Egoist, an dessen Zeitschrift «The Egoist» Eliot von 1917 bis 1919 mitarbeitet
1917–1925	Angestellter bei Lloyd's Bank in London
1919	*Poems* erscheinen
1919–1920	Mitarbeit an der Zeitschrift «Athenaeum»
1920	Der Lyrikband *Ara Vus Prec* wird veröffentlicht; im selben Jahr erscheint die Essaysammlung *The Sacred Wood*
1922	Eliot gründet die Zeitschrift *Criterion*, die bis 1939 mit 71 Nummern erscheint. In der ersten Nummer (Oktober 1922) ist *The Waste Land* abgedruckt (ohne *Notes*) Der New Yorker Verlag Boni and Liveright veröffentlicht *The Waste Land* (mit *Notes*) als Buch
Seit 1925	Direktor beim Londoner Verlag Faber & Gwyer (ab 1929 Faber & Faber). Die Arbeiten Eliots werden, von wenigen Ausnahmen abgesehen, in England in Zukunft von diesem Verlag publiziert. Als erstes Buch erscheint:
1925	*Poems 1909–1925*
1926	Clark Lecture in Cambridge
1927	Eliot erwirbt die englische Staatsbürgerschaft *Journey of the Magi* erscheint als Nr. 8 der Buchreihe «The

	Ariel Poems» (Faber & Faber); in dieser Reihe werden auch *A Song for Simeon* (1928), *Animula* (1929), *Marina* (1930), *Triumphal March* (1931) und *The Cultivation of Christmas Trees* (1954) veröffentlicht
1928	Essaysammlung *For Lancelot Andrewes* erscheint
1930	*Ash-Wednesday* wird publiziert
1932	*Selected Essays 1917–1932* und *Sweeney Agonistes* werden veröffentlicht
1932–1933	Eliot als Charles Eliot Norton Visiting Professor in Harvard. Die Vorlesungsreihe wird als Buch veröffentlicht unter dem Titel:
1933	*The Use of Poetry and the Use of Criticism*
1935	*Murder in the Cathedral* erscheint und erlebt bis 1938 vier Auflagen in England
1936	*Collected Poems 1909–1935*
1939	*The Family Reunion*
1941	Eliot gibt eine Auswahl der Lyrik Kiplings heraus: «A Choice of Kipling's Verse»
1942	Eliot veranstaltet eine Auswahl der Prosa Joyces: «Introducing James Joyce»
1943	*Four Quartets* erscheint in New York, ein Jahr darauf in London, nachdem die einzelnen Gedichte bereits an anderen Stellen veröffentlicht waren: *Burt Norton* wurde in den *Collected Poems 1909–1935* abgedruckt; *East Coker, The Dry Salvages* und *Little Gidding* erschienen zuerst in der Zeitschrift «The New English Weekly» am 21. März 1940 bzw. am 27. Februar 1941 und am 15. Oktober 1942
1948	Der Essayband *Notes Towards the Definition of Culture* erscheint Verleihung des Nobelpreises an Eliot
1950	*The Cocktail Party* wird veröffentlicht
1951	*Murder in the Cathedral* wird verfilmt und auf den Festspielen in Venedig gezeigt
1954	*The Confidential Clerk* erscheint
1955	Eliot erhält den Hansischen Goethe-Preis 1954
1957	Heirat mit Esmé Valerie Fletcher
1959	*The Elder Statesman* wird veröffentlicht
1965	4. Januar: Tod Eliots

ZEUGNISSE

Ezra Pound

Man kann Mr. Eliots Werk getrost mit allem vergleichen, was seit dem Tode Jules Laforgues in französischer, englischer oder amerikanischer Sprache geschrieben wurde. Der Leser wird nichts Besseres finden, und er kann sich äußerst glücklich schätzen, wenn er viel findet, was auch nur halb so gut ist. Mr. Eliot ist einer der ganz wenigen, die über einen persönlichen Rhythmus, über eine identifizierbare Klangfarbe und Stileigenart verfügen. Jedenfalls ist sein Buch [*Prufrock and Other Observations*] das beste Stück Dichtung seit... (um des lieben Friedens willen überlasse ich dieses Datum der Phantasie). Die meisten der Gedichte habe ich viele Male gelesen; zuletzt las ich das ganze Buch beim Frühstück, und zwar auf dürftigen Korrekturbögen: Ich glaube, das sind «Testbedingungen». Und «zum Teufel, der Bursche kann schreiben».

In: «Poetry». 1917

C. Day Lewis

Eliot trat zum erstenmal mit der Veröffentlichung von *The Waste Land* in den Vordergrund. Dieses Gedicht rief Beschimpfungsfluten und Stürme intellektuellen Protzertums hervor: Es lieferte der Reaktion etwas, an dem sie sich wirklich die Zähne ausbeißen konnte, und versorgte die Fortschrittsschwindler mit einer neuen Mode. Ich bin allerdings der Ansicht, daß es nicht seine beste Dichtung ist; was das anlangt, würde ich den Leser auf *Prufrock* verweisen, auf *Gerontion*, auf ein oder zwei seiner späteren Gedichte... Aber es läßt sich nicht leugnen, daß *The Waste Land* – ob man nun will oder nicht – die heutige Dichtkunst wirksamer beeinflußt hat als das übrige Werk Eliots und wahrscheinlich auch als irgendeine andere Dichtung unseres Jahrhunderts.

A Hope for Poetry. 1934

Ernst Robert Curtius

In der Haltung Eliots, besonders in den *Four Quartets*, glauben wir immer einen Rest von Jansenismus und Puritanismus zu spüren. Dahinter steht ein unaufgelöster Antagonismus zwischen künstlerischem und religiösem Verhalten als eine vielleicht unvermeidliche – darum auch der Kritik entzogene – Form der geistigen Konflikte unserer Zeit. Diese Position würde genügen, um Eliot einen Platz unter den bedeutenden Erscheinungen der Epoche zu sichern. Sie erklärt den Widerhall, den er in der alten wie in der neuen Welt findet. Aber über dem kritischen Zeitrichtertum, über der Laientheologie Eliots steht für mich sein dichterisches Werk, zuhöchst *The Waste Land.* Er ist der Finder eines neuen Tones, den man nicht mehr vergessen kann. Er hat die Meerjungfrauen singen hören.

In: Merkur 3 (1949)

GOTTFRIED BENN

... vor Eliot werde ich nicht aufhören mich zu fragen, ob nicht seine Dunkelheit und Mystik ein Mangel an Clarté ist, an Formverpflichtung, an Herausarbeiten der inneren Dinge zu der gläsernen durchsichtigen Welt, die nun einmal die Kunst ist. Wenn Kunst ein Ausgleich zwischen Tradition und Originalität ist, scheint mir ein Beharren in einer so abstrusen Originalität der Form bei Konformismus des Inhalts eher ein Manko zu sein, und eine Verdeckung von Mängeln.

Brief an Ernst Robert Curtius. 6. Nov. 1950

ERICH HELLER

T. S. Eliot hat in der Geschichte der englischen Literatur eine einzigartige Stellung. Denn nie vorher hat ein Dichter von seinem hohen Rang es vermocht, sowohl dichtend den poetischen Geschmack seiner Zeit entscheidend zu bestimmen, als auch kritisch dem kritischen Bewußtsein eine neue Richtung zu geben. Seine Kritik aber scheint mir aus dem Grunde einer widerspruchsvollen Ironie zu kommen – und vielleicht vermochte sie gerade deshalb in England so fruchtbar zu werden.

Glaube, Weisheit und Dichtung. 1956

EVA HESSE

T. S. Eliot hat in den Ländern englischer Zunge mit seiner Lyrik und seinen Essays jahrzehntelang die geistige Bühne beherrscht. Gewisse Dissoziationen, die er vornahm, sind so tief in das Bewußtsein unserer Zeit gedrungen, daß sie heute zum allgemeinen Rüstzeug des Denkens gehören und gar nicht mehr unmittelbar mit seinem Namen verknüpft werden.

In: Merkur 19 (1965)

Von Geld ist die Rede, von wem noch?

Geld und Ehrgeiz …

... das waren seine «zwei großen Götter», wie er selbst bekannte. Mit dem Gelde kam er zeitlebens nicht zu Rande. «Was das Geld angeht, mein Geld hat mir schrecklich geschadet. Es hat mich ruiniert. Ich hoffe, daß ich gerade genug haben werde, um einfach zu leben und gut schreiben zu können.» Das schrieb er, aber das hoffte er natürlich nicht. Einfach leben konnte er einfach nicht. Er liebte Schönheit, Luxus, Eleganz.

Das elterliche Erbe war zu gering gewesen, um ihm ein Leben aus dem vollen Zins zu ermöglichen. «Irgendwelche schreckliche Arbeit, um Brot zu verdienen», war ihm verhaßt. Mit einer Geldheirat klappte es auch nicht auf Anhieb. Seine erste Liebe war ein Mädchen «mit dem allerschönsten Gesicht, das ich je sah, und keinen Groschen Geld». Eine reiche Schöne ließ ihn abblitzen. «Charlotte, ich bedaure Ihre Entscheidung ... Mit Ihrem Geld und meinem Verstand hätten wir es weit bringen können», schrieb er ihr. Schließlich heiratete er eine Frau, die eine Erbschaft zu erwarten hatte (und die ihm später, nach der Trennung, eine Rente zahlte).

Lange vor seinen Erfolgen als Dichter und Autor von Theaterstücken war er berühmt als Verfechter einer schönen Lebenskultur. Auf Vortragsreisen in den USA (150 Vorträge in einem Jahr!) und England referierte er vor erlesenem Publikum über Themen wie «Schöner wohnen».

Auch während seiner Erfolge reichte das Geld nie: «Ich werde von Ausgaben überwältigt.» Sparen ist eben nichts für einen ästhetischen Dandy. Mit 6000 Pfund steckte er tief in Schulden, als ein von ihm selbst angestrengter Prozeß ihn vollends ruinierte. Fünf Jahre später starb er in Paris, kurz nach seinem 46. Geburtstag. Von wem war die Rede?

(Alphabetische Lösung: 23-9-12-4-5)

BIBLIOGRAPHIE

1. Bibliographien und Festschriften

A Catalogue of English and American First Editions of the Writings of T. S. Eliot Exhibited in the Yale University Library 22 February to 20 March 1937. New Haven 1937

TATE, ALLEN: [T. S.] Eliot. [Bibliographie.] In: Tate, Sixty American Poets 1896–1944. Washington 1945. S. 31–42

RAJAN, BALA CHANDRA (Hg.): A Check List of Eliot's Published Writings. In: Rajan (Hg.), T. S. Eliot. A Study of his Writings by Several Hands. London 1947. S. 139–153

GALLUP, DONALD: A Bibliographical Check-List of the Writings of T. S. Eliot. Including his Contributions to Periodicals and Translations of his Work into Foreign Languages. New Haven 1947

GALLUP, DONALD: T. S. Eliot. A Bibliography. Including Contributions to Periodicals and Foreign Translations.. London 1952

Texas University. An Exhibition of Manuscripts and First Editions of T. S. Eliot. June 1961. Austin 1961

BENTZ, HANS WILLI: Thomas Stearns Eliot in Übersetzungen. Thomas Stearns Eliot Translated. Thomas Stearns Eliot traduit. Frankfurt a. M. 1963 (Weltliteratur in Übersetzungen. Reihe 2, Bd. 1)

GALLUP, DONALD: T. S. Eliot. A Bibliography. London 1969

MARTIN, MILDRED: A Half-Century of Eliot Criticism. An Annotated Bibliography of Books an Articles in English, 1916–1965. Lewisbury 1973

FRANK, ARMIN PAUL: T. S. Eliot Criticism in English 1961–1965. A Supplementary Bibliography. Compiled by – and MECHTHILD FRANK and K.P.S. JOCHUM. Edmonton/Canada 1978

MARSH, RICHARD, und TAMBIMUTTU (Hg.): T. S. Eliot. A Symposium. London 1948 – Chicago 1949

BRAYBROOKE, NEVILLE (Hg.): T. S. Eliot. A Symposium for his Seventieth Birthday. London 1958 – New York 1958

2. Werke

a) Lyrik

Im folgenden werden Erstausgaben in Buchform aufgeführt. Es werden nur solche Titel genannt, die ausschließlich Werke von Eliot enthalten.

I. Englische Ausgaben (erschienen – wenn nicht anders angegeben – in London bei Faber & Faber):

Prufrock and Other Observations. London (The Egoist) 1917
Inhalt: The Love Song of J. Alfred Prufrock – Portrait of a Lady – Preludes – Rhapsody on a Windy Night – Morning at the Window – The Boston Evening Transcript – Aunt Helen – Cousin Nancy – Mr. Apollinax – Hysteria – Conversation galante – La Figlia che Piange

Poems. Richmond [Surrey] (The Hogarth Press) 1919
Inhalt: Sweeney among the Nightingales – The Hippopotamus – Mr. Eliot's Sunday Morning Service – Whispers of Immortality – Le Spectateur – Mélange Adultère de Tout – Lune de Miel
Ara Vus [! Vos] Prec. [London] (The Ovid Press) [1920]
Inhalt: Gerontion – Burbank with a Baedeker: Bleistein with a Cigar – Sweeney among the Nightingales – Sweeney Erect – Mr. Eliot's Sunday Morning Service – Whispers of Immortality – The Hippopotamus – A Cooking Egg – Lune de Miel – Dans le Restaurant – Le Spectateur – Mélange Adultère de Tout – Ode – The Love Song of J. Alfred Prufrock – Portrait of a Lady – Preludes – Rhapsody on a Windy Night – Morning at the Window – Conversation galante – Aunt Helen – Cousin Nancy – Mr. Appolinax [sic] – The Boston Evening Transcript – La Figlia che Piange
The Waste Land. Richmond, Surrey (The Hogarth Press) 1923
Poems 1909–1925. London (Faber & Gwyer) 1925
Inhalt: Prufrock and Other Observations (1917) – Poems (1920) – The Waste Land (1922) – The Hollow Men (1925)
Journey of the Magi. [London (Faber & Gwyer) 1927] (The Ariel Poems, No. 8)
A Song for Simeon. [London (Faber & Gwyer) 1928] (The Ariel Poems, No. 16)
Animula. [1929] (The Ariel Poems, No. 23)
Ash-Wednesday. 1930
Marina. [1930] (The Ariel Poems, No. 29)
Triumphal March. [1931] (The Ariel Poems, No. 35)
Sweeney Agonistes. Fragments of an Aristophanic Melodrama. 1932
Inhalt: Fragment of a Prologue – Fragment of an Agon
Two Poems. [Cambridge (University Press)] 1935
Inhalt: Cape Ann – Usk
Collected Poems 1909–1935. 1936
Inhalt: Prufrock (1917) – Poems (1920) – The Waste Land (1922) – The Hollow Men (1925) – Ash-Wednesday (1930) – Ariel Poems – Unfinished Poems – Minor Poems – Choruses from «The Rock» – Burnt Norton
Old Possum's Book of Practical Cats. 1939
Inhalt: Preface – The Naming of Cats – The Old Gumbie Cat – Growltiger's Last Stand – The Rum Tum Tugger – The Song of the Jellicles – Mungojerrie and Rumpelteazer – Old Deuteronomy – The Pekes and the Pollicles – Mr. Mistoffelees – Macavity: The Mystery Cat – Gus: The Theatre Cat – Bustopher Jones: The Cat about Town – Skimbleshanks: The Railway Cat – The Ad-dressing of Cats
East Coker I. In: The New English Weekly Easter Number, 1940 (Supplement)
The Dry Salvages. 1941
Little Gidding. 1942
Four Quartets. 1944
Inhalt: Burnt Norton – East Coker – The Dry Salvages – Little Gidding

The Cultivation of Christmas Trees. 1954
Collected Poems 1909–1962. 1963
Inhalt: Prufrock (1917) – Poems (1920) – The Waste Land (1922) – The Hollow Men (1925) – Ash-Wednesday (1930) – Ariel Poems – Unfinished Poems – Minor Poems – Choruses from «The Rock» – Four Quartets – Defence of the Islands – A Note on War Poetry – To the Indians who died in Africa – To Walter de la Mare – A Dedication to my Wife
The Waste Land. A Facsimile and Transcript of the Original Draft including the Annotations of Ezra Pound. Edited by Valerie Eliot. London 1971

II. Amerikanische Ausgaben (erschienen – wenn nicht anders angegeben – in New York bei Harcourt, Brace and Co.):

Poems. New York (Knopf) 1920
Inhalt: Wie Ara Vus Prec, jedoch «Hysteria» statt «Ode» und «Le Spectateur» u. d. T.: «Le Directeur»
The Waste Land. New York (Boni and Liveright) 1922
Poems 1909–1925. [1932]
Journey of the Magi. New York (William Edwin Rudge) 1927
Ash-Wednesday. New York (The Fountain Press) 1930
Words for Music. [Bryn Mawr, Pa. (Bryn Mawr Press)] 1934
Inhalt: New Hampshire – Virginia
Collected Poems 1909–1935. [1936]
Old Possum's Book of Practical Cats. [1939]
Four Quartets. [1943]
The Undergraduate Poems . . . Cambridge, Mass. (The Harvard Advocate) [1949] [Raubdruck.]
Inhalt: Song [«When we came [home] across the hill»] – Song [«If space and time, as sages say»] – Before Morning – Circe's Palace – Song [«The moonflower opens to the moth»] – On a Portrait – Nocturne – Spleen – Humo[u]resque – [Class] Ode
(Eine autorisierte Ausgabe der frühen Jugendgedichte Eliots wurde von John Hayward veranstaltet:)
Poems Written in Early Youth by T. S. Eliot. Stockholm (Privately Printed) 1950
Inhalt: Introduction [gez. J. H.] – A fable for feasters – ‹A lyric:› «If Time and Space, as Sages say» – Song: «If space and time, as sages say» – ‹At graduation 1905› – Song: «When we came home across the hill» – Before Morning – Circe's Palace – On a Portrait – Song: «The moon flower opens to the moth» – Nocturne – Humouresque (after J. Laforgue) – Spleen – [Class] Ode – The Death of Saint Narcissus – Notes [by J. H.]
The Cultivation of Christmas Trees. [1956]
Collected Poems 1909–1962. [1963]

III. Deutsche Übersetzungen (Auswahl)

Das wüste Land. In: Neue Schweizer Rundschau 20 (1927), S. 362–377. (Übers. v. Ernst Robert Curtius)
Morgen am Fenster. In: Silberboot 3, Juni 1936, S. 105. (Übers. v. Hermann Broch)

East Coker. In: Wandlung 1 (1945), H. 1, S. 34–45. (Übers. v. DOLF STERNBERGER)

Die Reise der drei Könige – Animula – Marina – Aschermittwoch – Burnt Norton (V) – Chor aus «The Rock» – The Dry Salvages (IV). In: Ewiges England. Dichter aus sieben Jahrhunderten von Chaucer bis Eliot. (Übers. v. HANS FEIST.) Zürich (Amstutz & Herdeg) [1945]

Burnt Norton. In: Deutsche Beiträge 2 (1948), S. 500–504. (Übers. v. URSULA CLEMEN)

Vier Quartette. [Wien] (Amandus) 1948. (Übers. v. NORA WYDENBRUCK)

Gedichte. In: Neue Rundschau 13, Winter 1948/49, S. 75–84. (Übers. v. KURT HEINRICH HANSEN)
Enthält: Eine Szene aus «The Rock» – Ash-Wednesday (I) – Song aus «Sweeney Agonistes» – A Song for Simeon – The Hollow Men

Ausgewählte Gedichte. Englisch und deutsch. Frankfurt a. M. (Suhrkamp) 1951
Inhalt: J. Alfred Prufrocks Liebesgesang. (Übers. v. KLAUS GÜNTHER JUST) – Das wüste Land (Übers. v. ERNST ROBERT CURTIUS) – Aschermittwoch (Übers. v. RUDOLF ALEXANDER SCHRÖDER) – Vier Quartette (Übers. v. NORA WYDENBRUCK)

Old Possums Katzenbuch. Englisch und deutsch. Berlin und Frankfurt a. M. (Suhrkamp) 1952. (Übers. v. ERICH KÄSTNER u. a.) – Neuausg.: Frankfurt a. M. (Suhrkamp) 1961 (Bibliothek Suhrkamp. 10)

Das wüste Land. Englisch und deutsch. Wiesbaden (Insel-Verl.) 1957 (Insel-Bücherei. 660). (Übers. v. ERNST ROBERT CURTIUS)

Gedichte. Englisch und deutsch. Frankfurt a. M. (Suhrkamp) 1964 (Bibliothek Suhrkamp. 130)

b) Dramen

I. Erstausgaben (erschienen – wenn nicht anders angegeben – in London bei Faber & Faber, in New York bei Harcourt, Brace and Co.):

The Rock. A Pageant Play ... London 1934 – New York [1934]

Murder in the Cathedral. Acting Edition for the Festival of the Friends of Canterbury Cathedral. Canterbury (H. J. Goulden) 1935 – Neuausg.: London 1935 – New York [1935]

The Family Reunion. A Play. London 1939 – New York [1939]

The Cocktail Party. A Comedy. London 1950 – New York [1950]

The Confidential Clerk. A Play. London 1954 – New York [1954]

The Elder Statesman. A Play. London 1959 – New York [1959]

II. Deutsche Übersetzungen (Auswahl)

Mord im Dom. Berlin (Suhrkamp) 1946. (Übers. v. RUDOLF ALEXANDER SCHRÖDER) – Neuausg.: Frankfurt a. M. (Suhrkamp) 1963 (edition suhrkamp. 8)

Der Familientag. Schauspiel. Berlin (Suhrkamp) 1949. (Übers. v. RUDOLF ALEXANDER SCHRÖDER und PETER SUHRKAMP)

Die Cocktail Party. Berlin und Frankfurt a. M. (Suhrkamp) 1951. (Übers.

v. NORA WYDENBRUCK) – Neuausg.: Frankfurt a. M. (Suhrkamp) 1965 (edition suhrkamp. 98)

Der Privatsekretär. Komödie. Berlin und Frankfurt a. M. (Suhrkamp) 1954 (Bibliothek Suhrkamp. 21). (Übers. v. NORA WYDENBRUCK und PETER SUHRKAMP)

Ein verdienter Staatsmann. Frankfurt a. M. (Suhrkamp) 1959 (edition suhrkamp. 69). (Übers. v. ERICH FRIED)

c) Kritische Schriften

Im folgenden werden Erstausgaben in Buchform aufgeführt. Es werden nur solche Titel genannt, die ausschließlich Arbeiten Eliots enthalten.

I. Englische Ausgaben (erschienen – wenn nicht anders angegeben – bei Faber & Faber in London):

The Sacred Wood. Essays on Poetry and Criticism. London (Methuen & Co.) 1920
Inhalt: Introduction – The Perfect Critic – Imperfect Critics: Swinburne as Critic. A Romantic Aristocrat. The Local Flavour. A Note on the American Critic. The French Intelligence – Tradition and the Individual Talent – The Possibility of a Poetic Drama – Euripides and Professor Murray – Rhetoric and Poetic Drama – Notes on the Blank Verse of Christopher Marlowe – Hamlet and his Problems – Ben Jonson – Philip Massinger – Swinburne as Poet – Blake – Dante

Homage to John Dryden. Three Essays on Poetry of the Seventeenth Century. London (The Hogarth Press) 1924
Inhalt: Preface – John Dryden – The Metaphysical Poets – Andrew Marvell

Shakespeare and the Stoicism of Seneca. (An Address Read before the Shakespeare Association 18 March, 1927). London (Oxford University Press) 1927

For Lancelot Andrewes. Essays on Style and Order. London (Faber & Gwyer) 1928
Inhalt: Preface – Lancelot Andrewes – John Bramhall – Niccolo Machiavelli – Francis Herbert Bradley – Baudelaire in Our Time – Thomas Middleton – A Note on Richard Crashaw – The Humanism of Irving Babbitt

Dante. 1929

Thoughts after Lambeth. 1931

Charles Whibley. A Memoir. (= The English Association. Pamphlet No. 80.) [London (Oxford University Press)] 1931

Selected Essays 1917–1932. 1932
Inhalt: Tradition and the Individual Talent – The Function of Criticism – «Rhetoric» and Poetic Drama – A Dialogue on Dramatic Poetry – Euripides and Professor Murray – Seneca in Elizabethan Translation – Four Elizabethan Dramatists – Christopher Marlowe – Shakespeare and the Stoicism of Seneca – Hamlet – Ben Jonson – Thomas Middleton – Thomas Heywood – Cyril Tourneur – John Ford – Philip Massinger – Dante –

The Metaphysical Poets – Andrew Marvell – John Dryden – William Blake – Swinburne as Poet – Lancelot Andrewes – John Bramhall – Thoughts after Lambeth – Baudelaire – Arnold and Pater – Francis Herbert Bradley – Marie Lloyd – Wilkie Collins and Dickens – The Humanism of Irving Babbitt – Second Thoughts about Humanism – Charles Whibley

The Use of Poetry and the Use of Criticism. Studies in the Relation of Criticism to Poetry in England. 1933
Inhalt: Prefatory Note – Introduction – Apology for the Countess of Pembroke – The Age of Dryden – Wordsworth and Coleridge – Shelley and Keats – Matthew Arnold – The Modern Mind – Conclusion

After Strange Gods. A Primer of Modern Heresy. ... 1934

Elizabethan Essays. 1934
Inhalt: Four Elizabethan Dramatists – Christopher Marlowe – Shakespeare and the Stoicism of Seneca – Hamlet – Ben Jonson – Thomas Middleton – Thomas Heywood – Cyril Tourneur – John Ford – Philip Massinger – John Marston

Essays Ancient and Modern. 1936
Inhalt: Preface – Lancelot Andrewes – John Bramhall – Francis Herbert Bradley – Baudelaire in Our Time – The Humanism of Irving Babbitt – – Religion and Literature – Catholicism and International Order – The *Pensées* of Pascal – Modern Education and the Classics – In Memoriam

The Idea of a Christian Society. 1939

Points of View. 1941
[Eine Auswahl aus den bereits veröffentlichten Essays, hg. von JOHN HAYWARD.]

The Music of Poetry. ... Glasgow (Jackson, Son & Co.) 1942

The Classics and the Man of Letters. ... London [usw.] (Oxford University Press) 1942

Reunion by Destruction. ... London (The Pax House) 1943

What is a Classic?. An Address Delivered before the Virgil Society. ... 1945

Milton. ... London (Geoffrey Cumberlege) 1947

A Sermon preached in Magdalene College Chapel. [Cambridge (University Press)] 1948

Notes Towards the Definition of Culture. 1948
Inhalt: Introduction – The Three Senses of «Culture» – The Class and the Elite – Unity and Diversity: The Region – Unity and Diversity: Sect and Cult – A Note on Culture and Politics – Notes on Education and Culture: and Conclusion – Appendix: The Unity of European Culture
Der Aufsatz «The Unity of European Culture» war bereits 1946 in Deutschland erschienen:
Die Einheit der europäischen Kultur. [Engl. u. deutsch.] (3 Rundfunkvorträge des Londoner Rundfunks ... Nachwort von HANS HENNECKE. Übers. von LEONIE HILLER.) Berlin (Carl Habel) 1946

The Aims of Poetic Drama. The Presidential Address to The Poets' Theatre Guild. [London] (The Poets' Theatre Guild) [1949]

Poetry and Drama. The Theodore Spencer Memorial Lecture. ... 1951

On Poetry and Poets. 1957
Inhalt: The Social Function of Poetry – The Music of Poetry – What is a Minor Poet? – What is a Classic? – Poetry and Drama – The Three Voices of Poetry – The Frontiers of Criticism – Virgil and the Christian World – Sir John Davies – Milton I – Milton II – Johnson as a Critic and Poet – Byron – Goethe as the Sage – Rudyard Kipling – Yeats
Knowledge and Experience in the Philosophy of F. H. Bradley. 1963 [Eliots für Harvard geplante Dissertation; 1916 verfaßt.]

II. Amerikanische Ausgaben (erschienen – wenn nicht anders angegeben – bei Harcourt, Brace and Co. in New York):

Ezra Pound. His Metric and Poetry. New York (Knopf) 1917
The Sacred Wood. Essays on Poetry and Criticism. New York (Knopf) 1921
For Lancelot Andrewes. Essays on Style and Order. Garden City, N. Y. (Doubleday) 1929
Selected Essays 1917–1932. [1932]
The Use of Poetry and the Use of Criticism. Studies in the Relation of Criticism to Poetry in England. . . . Cambridge, Mass. (Harvard University Press) 1933
After Strange Gods. A Primer of Modern Heresy. . . . [1934]
Essays Ancient and Modern. [1936]
The Idea of a Christian Society. [1940]
On Poetry. An Address. . . . Concord, Mass. 1947
Notes Towards the Definition of Culture. [1949]
From Poe to Valéry. 1949
Poetry and Drama. Cambridge, Mass. (Harvard University Press) 1951
Knowledge and Experience in the Philosophy of F. H. Bradley. [1964]

III. Eine weitere Erstausgabe

Goethe as the Sage. In: Stiftung F. V. S. zu Hamburg. Hansischer Goethepreis 1954. Hamburg (Hoesch) 1955. S. 49–71

IV. Deutsche Übersetzungen (Auswahl)

Tradition und individuelle Begabung. In: Europäische Revue 12 (1936), S. 874–882. (Übers. v. Hans Hennecke)
Die Einheit der europäischen Kultur. (Engl. u. deutsch.) (3 Rundfunkvorträge des Londoner Rundfunks am 10., 17. und 24. März 1946. Nachwort von Hans Hennecke. Übers. v. Leonie Hiller.) Berlin (Habel) 1946
Was ist ein Klassiker?. In: Antike und Abendland 3 (1948), S. 9–25. (Übers. v. W. E. Süskind)
Die Idee einer christlichen Gesellschaft. Wien (Amandus) 1949. (Übers. v. Herbert Furreg)
Beiträge zum Begriff der Kultur. Berlin und Frankfurt a. M. (Suhrkamp) 1949. (Übers. v. Gerhard Hensel) – Neuausg. u. d. T.:
Zum Begriff der Kultur. Reinbek (Rowohlt) 1961 (rowohlts deutsche enzyklopädie. 136)
Ausgewählte Essays 1917–1947. Berlin und Frankfurt a. M. (Suhrkamp)

1950 (Ausgew. und eingeleitet von HANS HENNECKE. Übers. v. URSULA CLEMEN, HANS HENNECKE, HANS HEINRICH SCHAEDER, W. E. SÜSKIND.)

Die Aufgaben des Versdramas. In: Neue Rundschau 61 (1950), S. 190–203. (Übers. v. FRIEDRICH PODSZUS)

Der Vers. 4 Essays. Berlin (Suhrkamp) 1952. (Übers. v. HANS HEINRICH SCHAEDER und GERHARD HENSEL)
Inhalt: Vers und Drama – Shakespeares Verskunst – Von Poe zu Valéry – Musik im Vers

Dichter und Dichtung. Essays. Frankfurt a. M. (Suhrkamp) 1958. (Übers. v. URSULA CLEMEN, NIKOLAUS FASOLT, HANS HENNECKE, HELENE RITZERFELD)

Was ist ein Klassiker? / Dante / Goethe der Weise. Frankfurt a. M. (Suhrkamp) 1963 (edition suhrkamp. 33)

d) Beiträge zu Büchern

Diese Auswahl läßt jene Gedichte und Essays unberücksichtigt, die in der vorliegenden Bibliographie unter 2. a) und 2. c) bereits aufgeführt sind.

«Doris's Dream Songs». Three Poems. [Die jeweils ersten Verse lauten: «Eyes that last saw in tears», «The wind sprang up at four o'clock» und «This is the dead land». Die ersten beiden Gedichte wurden später den «Minor Poems» subsumiert, das dritte Gedicht erschien als Teil III von «The Hollow Men».] In: The Chapbook. A Miscellany (No. 39). London (The Poetry Bookshop) 1924. S. 36–37

Experiment in Criticism. In: Tradition and Experiment in Present-Day Literature. ... London (Oxford University Press) 1929. S. 198–215

Religion without Humanism. In: Humanism and America. Essays on the Outlook of Modern Civilisation. Ed. by NORMAN FOERSTER. New York (Farrar and Rinehart) [1930]. S. 105–112

Donne in Our Time. In: A Garland for John Donne. Ed. by THEODORE SPENCER. Cambridge (Harvard University Press) 1931. S. 1–19

Fragment of an Agon (From *Wanna Go Home, Baby?*). In: EZRA POUND, Profile. An Anthology Collected in MCMXXXI. Milan 1932. S. 91–99

Shakespearian Criticism: I. From Dryden to Coleridge. In: A Companion to Shakespeare Studies. Ed. by HARLEY GRANVILLE-BARKER and G. B. HARRISON. Cambridge (University Press) 1934. S. 287–299

Difficulties of a Statesman. In: The Faber Book of Modern Verse. Ed. by MICHAEL ROBERTS. London (Faber and Faber) 1936. S. 123–125

A Note on the Verse of John Milton. In: Essays and Studies by Members of the English Association. Vol. XXI. Oxford (Clarendon Press) 1936. S. 32–40

The Idealism of Julien Benda. In: The New Republic Anthology 1915 : 1935. Ed. by GROFF CONKLIN. ... New York (Dodge) [1936]. S. 293–300

Byron. In: From Anne to Victoria. Essays by Various Hands. Ed. by BONAMY DOBRÉE. London [usw.] (Cassell) 1937. S. 601–619

1. By T. S. Eliot. In: Revelation. By Gustav Aulén, Karl Barth, Sergius Bulgakoff, M. C. d'Arcy, T. S. Eliot [u. a.]. Ed. by JOHN BAILLIE and HUGH MARTIN. London (Faber and Faber) 1937. S. 1–39

Poetry and Propaganda. In: Literary Opinion in America. ... Ed. ... by MORTON DAUWEN ZABEL. New York [und] London (Harper) 1937. S. 25–38
A Note on Two Odes of Cowley. In: Seventeenth Century Studies Presented to Sir Herbert Grierson. Oxford (Clarendon) 1938. S. 235–242
Literature and the Modern World. In: America through the Essay. An Anthology for English Courses. Ed. by A. THEODORE JOHNSON ... and ALLEN TATE ... New York (Oxford University Press) 1938. S. 379–386
«The Marching Song of the Pollicle Dogs», «Billy M'Caw: The Remarkable Parrot». In: The Queen's Book of the Red Cross. ... [London] (Hodder and Stoughton) [1939]. S. 51–54
By T. S. Eliot. [Erinnerungen.] In: Irving Babbitt. Man and Teacher. Ed. by FREDERICK MANCHESTER [und] ODELL SHEPARD. New York (Putnam's Sons) 1941. S. 101–104
Towards a Christian Britain. In: The Church Looks Ahead. ... London (Faber and Faber) 1941. S. 106–117
(An Essay on Rudyard Kipling.) In: A Choice of Kipling's Verse made by T. S. Eliot with an essay on Rudyard Kipling. London (Faber and Faber) 1941
The Christian Conception of Education. In: Malvern 1941. ... London [usw.] (Longmans, Green and Co.) 1941. S. 201–213
Henry James I. In Memory [and II. The Hawthorne Aspect]. In: The Shock of Recognition. The Development of Literature in the United States ... Ed. by EDMUND WILSON. Garden City, N. Y. (Doubleday) 1943. S. 854–865
Civilisation: The Nature of Cultural Relations. In: Friendship / Progress / Civilisation. ... [London] (The Anglo-Swedish Society) [1943]. S. 15–20
T. S. Eliot Leçon de Valéry. In: Paul Valéry vivant. [Marseille] (Cahiers du Sud) 1946. S. 74–81 [engl. u. frz.]
The Social Function of Poetry. In: Critiques and Essays in Criticism 1920–1948. ... Selected by Robert Wooster Stallman ... New York (The Ronald Press) [1949]. S. 105–116
The Poetry of W. B. Yeats. In: The Permanence of Yeats. Selected Criticism. Ed. by JAMES HALL and MARTIN STEINMANN. New York (Macmillan) 1950. S. 331–343
Ezra Pound ‹1946›. Postscript, 1950. In: Ezra Pound. A Collection of Essays edited by PETER RUSSELL to be presented to Ezra Pound on his sixty-fifth birthday. London, New York (Peter Nevill) 1950. S. 25–36
Gentlemen and Seamen. In: The Harvard Advocate Anthology. Ed. by DONALD HALL. New York (Twayne) [1951]. S. 109–112

e) Vorworte zu fremden Schriften (Auswahl)

VALÉRY, PAUL: Le Serpent. With ... an Introduction by T. S. Eliot. London [1924]
ELIOT, CHARLOTTE: Savonarola. A Dramatic Poem. With an Introduction by T. S. Eliot. London [1926]
POUND, EZRA: Selected Poems. Ed. with an Introduction by T. S. Eliot. London 1928

KNIGHT, G. WILSON: The Wheel of Fire. Essays in Interpretation of Shakespeare's Sombre Tragedies. London 1930 [«Introduction» von T. S. Eliot.]
JOHNSON, SAMUEL: London: A Poem and the Vanity of Human Wishes. Wiht an Introductory Essay by T. S. Eliot. London 1930
PHILIPPE, CHARLES-LOUIS: Bubu of Montparnasse. ... Preface by T. S. Eliot. Paris 1932
MOORE, MARIANNE: Selected Poems. With an Introduction by T. S. Eliot. New York 1935
ELIOT, T. S.: Introducing James Joyce. A Selection of Joyce's Prose. With an Introductory Note. London 1942
BETHELL, S. L.: Shakespeare and the Popular Dramatic Tradition. With an Introduction by T. S. Eliot. [London] 1943
The Dark Side of the Moon. With a Preface by T. S. Eliot. London 1946
CLEMENS, SAMUEL L. (Mark Twain): The Adventures of Huckleberry Finn. With an Introduction by T. S. Eliot. London 1950

f) Beiträge zu Zeitschriften

Diese Auswahl läßt jene Beiträge unberücksichtigt, die auch in Buchform – in der vorliegenden Bibliographie unter 2. a), 2. c) oder 2. e) aufgeführt – erschienen sind; außerdem werden die *Commentaries*, die T. S. Eliot jeder Nummer der Zeitschrift *Criterion* beigab, nicht genannt.

The Development of Leibniz's Monadism. In: Monist XXVI. 4 (Oct. 1916), S. 534–556
Leibniz's Monads and Bradley's Finite Centers. In: Monist XXVI. 4 (Oct. 1916), S. 566–576
Recent British Periodical Literature in Ethics. In: IJE XXVIII. 2 (Jan. 1918), S. 270–277
A Note on Ezra Pound. In: To-day IV. 19 (Sept. 1918), S. 3–9
Studies in Contemporary Criticism. In: Egoist V. 9 (Oct. 1918), S. 113 f. [Fortgesetzt in:] Egoist V. 10 (Nov./Dez. 1918), S. 131–133
Marivaux. In: Art and Letters II. 2 (Spring 1919), S. 80–85
On the Eve, A Dialogue. In: Criterion III. 10 (Jan. 1925), S. 278–281
The Idea of a Literary Review. In: Criterion IV. 1 (Jan. 1926), S. 1–6
Mr. Read and M. Fernandez. In: Criterion IV. 4 (Oct. 1926), S. 751–757. [A review of «Reason and Romanticism», by H. Read, and «Messages», by R. Fernandez.]
Homage to Wilkie Collins. In: Criterion V. 1 (Jan. 1927), S. 139–143
Literature, Science, and Dogma. In: Dial LXXXII. 3 (March 1927), S. 239–243
Popular Theologians: Mr. Wells, Mr. Belloc and Mr. Murry. In: Criterion V. 2 (May 1927), S. 253–259
Le Roman Anglais Contemporain. In: Nouvelle Revue Française XIV. 164 (May 1, 1927), S. 669–675
Recent Detective Fiction. In: Criterion V. 3 (June 1927), S. 359–362. [A review of 16 detective novels and of «Problems of Modern American Crime», by V. and P. King.]

Political Theorists. In: Criterion VI. 1 (July 1927), S. 69–73
Why Mr. Russell is a Christian. In: Criterion VI. 2 (Aug. 1927), S. 177–179. [A review of «Why I am not a Christian», by the Hon. Bertrand Russell.]
Mr. Middleton Murry's Synthesis. In: Criterion VI. 4 (Oct. 1927), S. 340–347
Isolated Superiority. In: Dial LXXXIV. 1 (Feb. 1928), S. 4–7 [A review of «Personæ. The Collected Poems of Ezra Pound».]
The Action Française, M. Maurras and Mr. Ward. In: Criterion VII. 3 (March 1928), S. 195–203
The Poems English Latin and Greek of Richard Crashaw. In: Dial LXXXIV. 3 (March 1928), S. 246–250. [A review of «The Poems English Latin and Greek of Richard Crashaw», ed. by L. C. Martin.]
The Literature of Fascism. In: Criterion VIII. 31 (Dec. 1928), S. 280–290
Mr. Barnes and Mr. Rowse. In: Criterion VIII. 33 (July 1929), S. 682–691
Christianity and Communism. In: Listener VII. 166 (March 16, 1932), S. 382 f
Religion and Science: A Phantom Dilemma. In: Listener VII. 167 (March 23, 1932), S. 428 f
The Search for Moral Sanction. In: Listener VII. 168 (March 30, 1932), S. 445 f, 480
Building up the Christian World. In: Listener VII. 169 (Apr. 6, 1932), S. 501 f. [Die vier zuletzt genannten Artikel tragen den zusammenfassenden Titel: The Modern Dilemma.]
Five-Finger Exercises. In: Criterion XII. 47 (Jan. 1933), S. 220–222. [Inhalt: Lines to a Persian Cat – Lines to a Yorkshire Terrier – Lines to a Duck in the Park – For Ralph Hodgson Esqre. – For Cuscuscaraway and Mirza Murad Ali Beg. Diese fünf Gedichte wurden später in den Minor Poems aufgenommen.]
Catholicism and International Order ... In: Christendom III. 11 (Sept. 1933), S. 171–184
Views and Reviews. In: NEW VII. 8 (June 6, 1935), S. 151 f; VII. 10 (June 20, 1935), S. 190 f; VII. 18 (Sept. 12, 1935), S. 351 f; VIII. 4 (Nov. 7, 1935), S. 71 f
The Need for Poetic Drama. In: Listener XVI. 411 (Nov. 25, 1936), S. 994 f
Religious Drama: Mediæval and Modern. In: University of Edinburgh Journal IX. 1 (Autumn 1937), S. 8–17
The English Tradition: Address to the School of Sociology. In: Christendom X. 40 (Dec. 1940), S. 226–237
The Social Function of Poetry. In: Norseman I. 6 (Nov. 1943), S. 449–457
What is Minor Poetry?. In: Welsh Review III. 4 (Dec. 1944), S. 256–267
Ezra Pound. In: Poetry LXVIII. 6 (Sept. 1946), S. 326–338
The Aims of Education. 1. Can «Education» be Defined?. In: Measure II. 1 (Dec. 1950), S. 3–16
The Aims of Education. 2. The Interrelation of Aims. In: Measure II. 2 (Spring 1951), S. 191–203
The Aims of Education. 3. The Conflict between Aims. In: Measure II. 3 (Summer 1951), S. 285–297

The Aims of Education. 4. The Issue of Religion. In: Measure II. 4 (Autumn 1951), S. 362–375

g) Übersetzungen (Auswahl)

PERSE, ST.-J.: Anabasis. A Poem. With a Translation into English by T. S. Eliot. London 1930

MAURRAS, CHARLES: Prologue to an Essay on Criticism. [Übersetzt von T. S. Eliot.] In: Criterion VII. 1 (Jan. 1928), S. 5–15; VII. 3 (March 1928), S. 204–218

FERNANDEZ, RAMON: A Humanist Theory of Value. [Übersetzt von T. S. Eliot.] In: Criterion IX. 35 (Jan. 1930), S. 228–245

3. Gesamtdarstellungen

MACGREEVY, THOMAS: Thomas Stearns Eliot. A Study. London 1931

GRUDIN, L.: Mr. Eliot among the Nightingales. Paris 1932

PASSMORE, JOHN A.: T. S. Eliot. Sydney 1934 (Sydney University Library Publications. 1)

PARTRIDGE, ASTLEY C.: T. S. Eliot. Pretoria 1937

SCHAEDER, GRETE, und HANS HEINRICH SCHAEDER: Ein Weg zu T. S. Eliot. Hameln 1948

GARDNER, HELEN LOUISE: The Art of T. S. Eliot. London 1949 – New York 1950

ROBBINS, ROSSEL H.: The T. S. Eliot Myth. In: Science and Society 14 (1950), S. 1–28

BRADBROOK, MURIEL C.: T. S. Eliot. London, New York 1950; (rev. ed.) London, New York 1951

ROBBINS, ROSSEL H.: The T. S. Eliot Myth. New York 1951

CATTAUI, GEORGES: T. S. Eliot. Paris 1957

KENNER, HUGH: The Invisible Poet: T. S. Eliot. New York 1959 – London 1960

HOSKOT, S. S.: T. S. Eliot. His Mind and Personality. Bombay 1961

KENNER, HUGH: T. S. Eliot. A Collection of Critical Essays. Englewood Cliffs, N. J. 1962

FRY, NORTHROP: T. S. Eliot. Edinburgh and London 1963 – New York 1963

CHATURVEDI, B. N.: T. S. Eliot. Allahabad 1963

GEORGE, ARAPURA G.: T. S. Eliot. His Mind and Art. Bombay and New York 1963

HEADINGS, PHILIP RAY: T. S. Eliot. New York 1964

HOWARTH, HERBERT: Notes on Some Figures behind T. S. Eliot. Boston 1964; London 1965

BEHR, CAROLINE: T. S. Eliot, a Chronology of his Life and Works. London 1983

ACKROYD, PETER: T. S. Eliot. London 1984

4. Würdigungen

DOBRÉE, BONAMY: T. S. Eliot. In: Dobrée, The Lamp and the Lute. Oxford 1929. S. 107–133

POWELL, DILYS: T. S. Eliot. In: Powell, Descent from Parnassus. New York 1934. S. 55–100

SITWELL, EDITH: T. S. Eliot. In: Sitwell, Aspects of Modern Poetry. London 1934. S. 99–140

LEWIS, C. DAY: A Hope for Poetry. Oxford 1934 – 8. Aufl. 1947

MACNEICE, LOUIS: Subject in Modern Poetry. In: Essays and Studies 22 (1937), S. 144–158

TORDEUR, J.: À la rencontre de Thomas Stearns Eliot. Brüssel 1946

RAJAN, BALA CHANDRA: T. S. Eliot. A Study of His Writings by Several Hands. London 1947; New York 1948

EVANS, BENJAMIN IFOR: T. S. Eliot. In: Evans, English Literature between the Wars. London 1948. S. 91–101

DAICHES, DAVID: T. S. Eliot. In: Daiches, Poetry and the Modern World. Chicago 1948. S. 106–127

CURTIUS, ERNST ROBERT: T. S. Eliot. In: Curtius, Kritische Essays zur europäischen Literatur. Bern 1950. S. 298–346

ISAACS, JACOB: The Poetry of T. S. Eliot. In: Isaacs, The Background of Modern Poetry. New York 1952. S. 44–61

POUND, EZRA: T. S. Eliot. In: Pound, Literary Essays. London 1954. S. 418–422

BLUMENBERG, HANS: Rose und Feuer: Lyrik, Kritik und Drama T. S. Eliots. In: Hochland 49 (1956), S. 109–126

HOWARTH, HERBERT: Eliot. The Expatriate as Fugitive. In: Georgia Review 13 (1959), S. 5–17

UNGER, LEONARD: T. S. Eliot. Minneapolis 1961 (Pamphlets of American Writers. 8)

GRANT, MICHAEL: T. S. Eliot, The Critical Heritage, 1 + 2. London–Boston–Melbourne–Henley 1982

5. Untersuchungen zu einzelnen Problemen

NICOLL, ALLARDYCE: Mr. T. S. Eliot and the Revival of Classicism. In: English Journal 23 (1934), S. 269–278

SPENDER, STEPHEN: T. S. Eliot in his Poetry. T. S. Eliot in his Criticism. In: Spender, The Destructive Element. London [usw.] 1935. S. 132–175

UNGER, LEONARD: T. S. Eliot's Rose Garden: A Persistent Theme. In: Southern Review 7 (1942), S. 667–689

FOSTER, GENEVIEVE W.: The Archetypal Imagery of T. S. Eliot. In: PMLA 60 (1945), S. 567–585

VIETTA, EGON: Die Selbstbehauptung des Abendlandes im Werk von T. S. Eliot. Hamburg 1948

WILSON, FRANK: Six Essays on the Development of T. S. Eliot. London 1948

UNGER, LEONARD (Hg.): T. S. Eliot. A Selected Critique. New York and Toronto 1948

KENNER, HUGH: Eliot's Moral Dialectic. In: Hudson Review 2 (1949), S. 421–448
WORTHINGTON, JANE: The Epigraphs to the Poetry of T. S. Eliot. In: American Literature 21 (1949), S. 1–17
WYNN, DUDLEY: The Integrity of T. S. Eliot. In: A. M. FISKIN (Hg.), Writers of our Years. Denver 1950. S. 59–78
LEAVIS, FRANK RAYMOND: New Bearings in English Poetry. A Study of the Contemporary Situation. New York 1950
GREENE, EDWARD J. H.: T. S. Eliot et la France. Paris 1951
BOHNSACK, FRITZ: Zeit und Ewigkeit im Spätwerk Eliots. Versuch einer Deutung. Hamburg 1951 [Diss.]
MARTIN, MILDRED A.: T. S. Eliot. The Still Point and the Turning Wheel. In: Bucknell University Studies 4 (1953), S. 51–68
ANCESCHI, LUCIANO: Poetica Americana. Pisa 1953 [Darin: Primo tempo estetico di T. S. Eliot (S. 51–89); T. S. Eliot, o delle difficoltà del mondo (S. 134–146).]
MATTEUCCI, BENVENUTO: La Madonna in Thomas Stearns Eliot. In: Humanitas 6 (1954), S. 527–546
WEBER, ALFRED: Der Symbolismus T. S. Eliots. Versuch einer neuen Annäherung an moderne Lyrik. Tübingen 1954 [Diss.]
GROSS, HARVEY S.: The Contrived Corridor. A Study in Modern Poetry and the Meaning of History. Ann Arbor (Univ. Microfilms) 1955
FUSSELL, PAUL: The Gestic Symbolism of T. S. Eliot. In: Journal of English Literary History 22 (1955), S. 194–211
CALLIEBE, GISELA: Das Werk T. S. Eliots und die Tradition der Mystik. Berlin 1955 [Diss.]
UNGER, LEONARD: The Man and the Name. Minneapolis 1956 [Darin: Fusion and Experience (S. 105–140); Ash-Wednesday (S. 141–167); Eliot's Rose Garden (S. 168–189); Laforgue, Conrad, and T. S. Eliot (S. 190–242).]
HELLER, ERICH: Glaube, Weisheit und Dichtung. Zu T. S. Eliots Rede über Goethe. In: Merkur 10 (1956), S. 234–244
GALINSKY, HANS: Deutschland in der Sicht von D. H. Lawrence und T. S. Eliot. Eine Studie zum anglo-amerikanischen Deutschlandbild des 20. Jahrhunderts. Mainz 1956
WEISS, CHARLOTTE: Die Sprachkunst in T. S. Eliots dichterischen Werken. Hamburg 1956 [Diss.]
STRÖMSDÖRFER, ILSE: Der Begriff der Zeit bei T. S. Eliot. München 1957 [Diss.]
WOLFF, ERWIN: Einheit und Kontinuität in T. S. Eliots Entwicklung als Lyriker. In: GRM N. F. 8 (1958), S. 401–416
HOLTHUSEN, EGON: Das Schöne und das Wahre in der Poesie. Zur Theorie des Dichterischen bei T. S. Eliot und Benn. In: Holthusen, Das Schöne und das Wahre. München 1958. S. 5–37
WEBER, ALFRED: Ein Beitrag zur Chronologie und Genesis der Dichtung T. S. Eliots. In: Jb. f. Amerikastudien 3 (1958), S. 162–191
SMIDT, KRISTIAN: Point of View in Eliot's Poetry. In: Orbis litterarum 14 (1959), S. 38–53

TERRELL, CARROLL FRANKLIN: The Bone on the Beach. The Meaning of T. S. Eliot's Symbols. Ann Arbor (Univ. Microfilms) 1959

GOOD, THOMAS: T. S. Eliot et la tradition anglaise. In: Cahiers du Sud 352 (1959), S. 427—443

HAAS, RUDOLF: Der frühe T. S. Eliot. In: Die neueren Sprachen N. F. 1960, S. 561–572

SERPIERI, SANDRO: La fuga di Eliot dal tempo. In: Studi Americani 7 (1961), S. 411–428

FREED, LEWIS: T. S. Eliot. Aesthetics and History. La Salle, Ill. 1962

RILLIE, JOHN A. M.: Melodramatic Device in T. S. Eliot. In: Review of English Studies 13 (1962), S. 267–281

THOMPSON, ERIC: T. S. Eliot, the Metaphysical Perspective. Carbondale, Ill. 1963

ANDREACH, ROBERT J.: Studies in Structure. The Stages of the Spiritual Life in Four Modern Authors. New York 1964

GARDNER, HELEN: The Composition of the Four Quartets. London 1978

6. Untersuchungen zum dichterischen Werk

ALDINGTON, RICHARD: The Poetry of T. S. Eliot. In: Aldington, Literary Studies and Reviews. London 1924. S. 181–191

WILLIAMS, CHARLES: T. S. Eliot. In: Williams, Poetry at Present. Oxford 1930. S. 163–174

WILLIAMSON, HUGH ROSS: The Poetry of T. S. Eliot. London 1932

MATTHIESSEN, FRANCIS O.: The Achievement of T. S. Eliot. An Essay on the Nature of Poetry. London 1935 – Zweite, rev. und erw. Ausg.: New York and London 1947 – Dritte Ausg.: New York 1958

BOROWY, WACŁAW: Wędrówka nowego Parsyfala. Poezja T. S. Eliota. Warschau [1935]

HAEUSERMANN, H. W.: L'Œuvre poétique de T. S. Eliot. Montreux 1940

STEPHENSON, ETHEL: T. S. Eliot and the Lay Reader. London 1944

MARTZ, LOUIS L.: The Wheel and the Point. Aspects of Imagery and Theme in Eliot's Later Poetry. In: Sewanee Review 55 (1947), S. 126–147

SANSOM, CLIVE: The Poetry of T. S. Eliot. London 1947

BARRY, MARY MARTIN: An Analysis of the Prosodic Structure of Selected Poems of T. S. Eliot. A Dissertation. Washington 1948

DREW, ELIZABETH: T. S. Eliot. The Design of his Poetry. New York 1949; London 1950

SMIDT, KRISTIAN: Poetry and Belief in the Work of T. S. Eliot. Oslo 1949 – Neue, rev. Ausg.: London 1961

POLICARDI, SILVIO: La poesia di T. S. Eliot. Milano [1949?]

SMITH, GROVER CLEVELAND: The Poems of T. S. Eliot 1909–1928. A Study in Symbols and Sources. Ann Arbor (Univ. Microfilms) 1950

HAMILTON, GEORGE R.: The Tell-Tale Article. A Critical Approach to Modern Poetry. New York 1950

HOLTHUSEN, EGON: Das Nichts und der Sinn. T. S. Eliot als Lyriker. In: Holthusen, Der unbehauste Mensch. München 1951 – 2. Aufl. München 1952. S. 66–98

Tschumi, Raymond: Thought in T. S. Eliot's Poetry. In: Tschumi, Thought in Twentieth-Century English Poetry. London 1951. S. 119–156

Isaacs, Jacob: T. S. Eliot and Poetic Drama. In: Isaacs, An Assessment of Twentieth-Century Literature. London 1951. S. 133–160

Ames, Russel: Decadence in the Art of T. S. Eliot. In: Science & Society 16 (1952), S. 193–221

Blackmur, Richard P.: T. S. Eliot. From «Ash-Wednesday» to «Murder in the Cathedral». In: Blackmur, Language as Gesture. New York 1952. S. 163–191

Williams, Raymond: T. S. Eliot. In: Williams, Drama from Ibsen to Eliot. London 1952. S. 223–246

Maxwell, Desmond E. S.: The Poetry of T. S. Eliot. London 1952 – Neuausg.: New York 1961

Williamson, George: A Reader's Guide to T. S. Eliot. A Poem-by-Poem Analysis. New York 1953; London 1955

Gamberini, Spartaco: La poesia di T. S. Eliot. Genova 1954

Oestreich, Marianne: Das Problem der Schuld bei T. S. Eliot. Versuch einer Deutung im lyrischen und dramatischen Werk. Berlin 1955 [Diss.]

Melchers, Hans Joachim: T. S. Eliot. Das «Muster» und die Wirklichkeitsprobleme der Dichtung. Köln 1955 [Diss.]

Arrowsmith, William: The Comedy of T. S. Eliot. In: William Wimsatt (Hg.), English Stage Comedy. New York 1955. S. 148–172

Hamalian, Leo: The Voice of this Calling. A Study of the Plays of T. S. Eliot. Ann Arbor (Univ. Microfilms) 1955

Murry, John Middleton: The Plays of T. S. Eliot. In: Murry, Unprofessional Essays. London 1956. S. 149–191

Harding, D. W.: Progression of Theme in Eliot's Modern Plays. In: Kenyon Review 18 (1956), S. 337–360

Smith, Grover Cleveland: T. S. Eliot's Poetry and Plays. A Study in Sources and Meaning. Chicago 1956 – Neuausg.: Chicago and London 1962

Vickery, John B.: T. S. Eliot's Poetry: The Quest and the Way. In: Renascence 10 (1957), S. 3–10; 31; 59–67

Wildi, Max: Die Dramen von T. S. Eliot. Zürich 1957

Chinol, Elio: La poesia di T. S. Eliot. In: Studi Americani 3 (1957), S. 221–238

Lo Schiavo, Renato: Poesie minori di T. S. Eliot. In: Studi Americani 5 (1959), S. 191–217

Kline, Peter: The Spiritual Center in Eliot's Plays. In: Kenyon Review 21 (1959), S. 457–472

Román, M. C.: El pensamiento de Eliot a través de su teatro. In: Revista de literatura 15 (1959), S. 37–58

Jones, David Edwards: The Plays of T. S. Eliot. London 1960; Toronto 1960

Barth, J. Robert, S. J.: T. S. Eliot's Image of Man. A Thematic Study of his Drama. In: Renascence 14 (1961/62), S. 126–138; 165

Motekat, Helmut: Experiment und Tradition. Vom Wesen der Dichtung im 20. Jahrhundert. Frankfurt a. M. 1962

Schlüter, Kurt: Der Mensch als Schauspieler. Studien zur Deutung von

T. S. Eliots Gesellschaftsdramen. Bonn 1962 (Abhandlungen zur Kunst-, Musik- und Literaturwissenschaft. 17)

Hathorn, Richmond Y.: Tragedy, Myth, and Mystery. Bloomington 1962

Smith, Carol H.: T. S. Eliot's Dramatic Theory and Practice, from «Sweeney Agonistes» to «The Elder Statesman». Princeton, N. J. 1963

Jones, Genesius: Approach to the Purpose. A Study on the Poetry of T. S. Eliot. London 1964; New York 1965

7. Untersuchungen zu einzelnen Werken

a) Zur Lyrik

Margolis, Joseph: T. S. Eliot: «The Love Song of J. Alfred Prufrock». In: John Wain (Hg.), Interpretations. London 1955. S. 179–194

Rezzano de Martini, M. C.: The «Gerontion» of T. S. Eliot. A Commentary. Buenos Aires 1945 (English Pamphlets. 10)

Williamson, Mervyn W.: T. S. Eliot's «Gerontion»: A Study in Thematic Repetition and Development. In: University of Texas Studies in English 36 (1957), S. 110–126

Vickery, John B.: «Gerontion»: The Nature of Death and Immortality. In: Arizona Quarterly 14 (1958), S. 101–115

Serpieri, Sandro: Il significato di «Gerontion» nella poesia eliotana. In: Studi Americani 5 (1959), S. 219—232

Hesse, Eva, T. S. Eliot: Schwierigkeiten beim Leben. «Gerontion» als Selbstinterpretation des Dichters. In: Merkur 19 (1965), S. 122–136; 246–257

Goheen, Robert F.: «Burbank with a Baedeker»: The Third Stanza (Thematic Intension through Classical Illusion). In: Sewanee Review 61 (1953), S. 109–119

Brooks, Cleanth: «The Waste Land»: An Analysis. In: Southern Review 3 (1937), S. 106–136

Brooks, Cleanth: «The Waste Land». Critique of the Myth. In: Brooks, Modern Poetry and the Tradition. Chapel Hill 1939. S. 136–172

Bowra, Cecil Maurice: T. S. Eliot: «The Waste Land». In: Bowra, The Creative Experiment. London 1949. S. 159–188

Williamson, George: The Structure of «The Waste Land». In: Modern Philology 47 (1950), S. 191–206

Peter, John: A New Interpretation of «The Waste Land». In: Essays in Criticism 2 (1952), S. 242–266

Davidson, Arthur: The Eliot Enigma. [A Critical Examination of «The Waste Land».] London 1959

Knoll, Robert E. (Hg.): Storm over «The Waste Land». Chicago 1964

Gillis, Everett A.: The Spiritual Status of T. S. Eliot's «Hollow Men». In: Texas Studies in Literature and Language 2 (1961), S. 464–475

McConnell, Daniel J.: «The Heart of Darkness» in T. S. Eliot's «The Hollow Men». In: Texas Studies in Literature and Language 4 (1962), S. 141–153

Standop, Ewald: T. S. Eliot's «Journey of the Magi». In: Archiv für Neuere Sprachen 197 (1961), S. 113–125

GERMER, RUDOLF: T. S. Eliot's «Journey of the Magi». In: Jahrbuch für Amerikastudien 7 (1962), S. 106–132

MARTIN, PHILIP MONTAGUE: Mastery and Mercy. A Study of Two Religious Poems: «The Wreck of the Deutschland», by G. M. Hopkins, and «Ash-Wednesday», by T. S. Eliot. London 1957

SMITH, F. J.: A Reading of «East Coker». In: Thougt 21 (1946), S. 272–286

PRESTON, RAYMOND: «Four Quartets» Rehearsed. A Commentary on Eliot's Cycle of Poems. New York 1946

FLINT, R. W.: The «Four Quartets» Reconsidered. In: Sewanee Review 56 (1948), S. 69–81

GARDNER, HELEN L.: «Four Quartets». A Commentary. In: ROBERT WOOSTER STALLMAN (Hg.), Critiques and Essays in Criticism. 1920–1948. New York 1949. S. 181–197

BRADBURY, JOHN M.: «Four Quartets». The Structural Symbolism. In: Sewanee Review 59 (1951), S. 254–270

BLACKMUR, RICHARD P.: Unappeasable and Peregrine. Behaviour and the «Four Quartets». In: Blackmur, Language as Gesture. New York 1952. S. 192–220

ANON. [Nott, Kathleen?]: On the «Four Quartets». With a Foreword by Roy Campbell. London 1953

FUSSELL, B. H.: Structural Methods in «Four Quartets». In: Journal of English Literary History 22 (1955), S. 212–241

RAMBO, DOROTHY ELLEN: An Analysis of «Four Quartets» by T. S. Eliot ... Ann Arbor (Univ. Microfilms) 1958

BODELSEN, CARL A. G.: T. S. Eliot's «Four Quartets». A Commentary. Kopenhagen 1958

BERGSTEN, STAFFAN: Time and Eternity. A Study in the Structure and Symbolism of T. S. Eliot's «Four Quartets». Stockholm 1960

ERZGRÄBER, WILLI: Die Gartenszene in T. S. Eliots «Burnt Norton I». In: Archiv für Neuere Sprachen 196 (1960), S. 1–15

CLUBB, MERREL D.: The Heraclitean Element in Eliot's «Four Quartets». In: Philological Quarterly (Iowa City) 40 (1961), S. 19–33

METSCHER, THOMAS: T. S. Eliots «Burnt Norton». Eine Interpretation. In: Kleine Beiträge [21] (1961), S. 75–91

SINHA, KRISHNA NANDAN: The Intimate and the Unidentifiable: Feeling in T. S. Eliot's «Four Quartets». In: Literary Criterion (Univ. of Mysore, India) 5 (1962), S. 128–140

b) Zu den Dramen

OXENFORD, MABEL A.: «Murder in the Cathedral». A Study by M. A. Oxenford. «The Family Reunion». A Study by M. C. Rezzano. Buenos Aires 1942 (English Pamphlets. 2)

PETER, JOHN: «Murder in the Cathedral». In: Sewanee Review 61 (1953), S. 262–283

FERRARA, FERNANDO: Introduzione a «Murder in the Cathedral» di T. S. Eliot. Roma 1957

GALINSKY, HANS: T. S. Eliots «Murder in the Cathedral». Versuch einer Interpretation. In: Die neueren Sprachen N. F. 1958, S. 305–323
KOSOK, HEINZ: Gestaltung und Funktion der «Rechtfertigungsszene» in T. S. Eliots «Murder in the Cathedral». In: Die neueren Sprachen N. F. 1963, S. 49–61
MASON, WILLIAM HEPPELL: «Murder in the Cathedral». Oxford 1963
WARD, ANNE: Speculations on Eliot's Time-World: An Analysis of «The Family Reunion» in Relation to Hulme and Bergson. In: American Literature 21 (1949), S. 18–34
FERRARA, FERNANDO: Aspetti e significanti della «Family Reunion» di T. S. Eliot. In: Studi Americani 4 (1958), S. 247–294
GASKELL, RONALD: «The Family Reunion». In: Essays in Criticism 12 (1962), S. 292–301
PALMER, RICHARD E.: Existentialism in T. S. Eliot's «The Family Reunion». In: Modern Drama 5 (1962/63), S. 174–186
KLATT, HEINZ GÜNTHER: Sanatorium einer Ehe. Versuch einer Deutung von T. S. Eliots «Cocktail Party». Hannover 1952
LAWLOR, JOHN: The Formal Achievement of «The Cocktail Party». In: Virginia Quarterly Review 30 (1954), S. 431–451
DOBRÉE, BONAMY: «The Confidential Clerk». In: Sewanee Review 62 (1954), S. 117–131

8. Untersuchungen zu den kritischen Schriften

ORAS, ANTS: The Critical Ideas of T. S. Eliot. Tartu 1932
BOROWY, WACŁAW: T. S. Eliot jako krytyk literacki i teoretyk tradycji. Warschau [1935]
MOLONEY, MICHAEL F.: The Critical Faith of Mr. T. S. Eliot. In: Thought 22 (1947), S. 297–314
ENGEL, CLAIRE ÉLIANE: Les essais de T. S. Eliot. In: Esquisses anglaises: Charles Morgan, Graham Greene, T. S. Eliot. Paris 1949. S. 99–171
BÜDEL, MARIA: Der Essay Theodor Haeckers und T. S. Eliots als Beitrag zur abendländischen Literatur- und Kulturkritik. Marburg 1949 [Diss.]
HENNECKE, HANS: T. S. Eliot als Kritiker und Essayist. In: Eliot, Ausgewählte Essays 1917–1947. Berlin und Frankfurt a. M. 1950. S. 7–46
HENNECKE, HANS: T. S. Eliot. Der Dichter als Kritiker. In: Hennecke, Dichtung und Dasein. Berlin 1950. S. 178–194
MORDELL, ALBERT: T. S. Eliot's Deficiencies as a Social Critic... Girard, Kansas 1951
STANDOP, EWALD: T. S. Eliots Kulturkritik. Münster 1949 [Diss.] – Als Buchausg.: Bochum-Langendreer 1953
BEER, ERNST: Thomas Stearns Eliot und der Antiliberalismus des XX. Jahrhunderts. Wien 1953 (Wiener Beiträge zur englischen Philologie. 61)
MACCARTHY, DESMOND: T. S. Eliot as Critic. In: MacCarthy, Humanities. London 1953. S. 121–140
WILLIAMS, RAYMOND: Second Thoughts: I – T. S. Eliot on Culture. In: Essays in Criticism 6 (1956), S. 302–318

WELLEK, RENÉ: The Criticism of T. S. Eliot. In: Sewanee Review 64 (1956), S. 398–443

BOLLIER, E. P.: Mr. Eliot's «Tradition and the Individual Talent» Reconsidered. In: University of Colorado Studies in Language and Literature 6 (1957), S. 103–118

LEAVIS, F. R.: T. S. Eliot's Stature as Critic. In: Commentary 26 (1958), S. 399–410

HOWARTH, HERBERT: T. S. Eliot's «Criterion»: The Editor and his Contributors. In: Comparative Literature Clã (Fortaleza, Brazil) 11 (1959), S. 97–110

BOLLIER, ERNEST PHILIP: T. S. Eliot and the Idea of Literary Tradition. Ann Arbor (Univ. Microfilms) 1959

LUCY, SÉAN: T. S. Eliot and the Idea of Tradition. London 1960; New York 1961

EMGE, CARL AUGUST: Die Frage nach einem neuen Kulturbegriff; Betrachtungen am Leitfaden der Auffassung von Thomas Stearns Eliot. Wiesbaden 1963 (Akademie der Wissenschaften und der Literatur . . . Jg. 1962. 7)

9. *Vergleichende Studien*

DANIELS, J. R.: T. S. Eliot and his Relation to T. E. Hulme. In: Toronto Quarterly 2 (1933), S. 380–396

PAUL, GERTRUD: Dichtungstheorie englischer Dichter der Gegenwart: T. S. Eliot, Edith Sitwell, H. Read, R. Graves. Wien 1933 [Diss.]

BULLOUGH, GEOFFREY: Herbert Read, D. H. Lawrence, T. S. Eliot. In: Bullough, The Trend of Modern Poetry. Neuausg.: Edinburgh 1941. S. 138–182

RILLO, LILA E.: Aldous Huxley and T. S. Eliot. Buenos Aires 1943 (English Pamphlets. 7)

CATTAUI, GEORGES: Trois poëtes. Hopkins, Yeats, Eliot. Paris [1947]

DAICHES, DAVID: T. E. Hulme and T. S. Eliot. In: Daiches, Poetry and the Modern World. Chicago 1948. S. 90–105

GREENE, E. J. H.: Jules Laforgue et T. S. Eliot. In: Revue de Littérature Comparée 22 (1948), S. 363–397

OTTO, WILHELM: Eugene O'Neill, T. S. Eliot und die griechische Tragödie. Freiburg i. B. 1950 [Diss.]

COLLINS, ARTHUR S.: Hopkins and T. S. Eliot. In: Collins, English Literature of the 20th Century. London 1951. S. 56–78

MUSGROVE, SYDNEY: T. S. Eliot and Walt Whitman. Wellington 1952

SCOTT, NATHAN A.: Rehearsals of Discomposure. Alienation and Reconciliation in Modern Literature: F. Kafka . . . T. S. Eliot. London 1952

DEUTSCH, BABETTE: The Auditory Imagination. [T. S. Eliot and C. Aiken.] In: Deutsch, Poetry in our Time. New York 1952. S. 152–187

LEAVIS, FRANK R.: The Common Persuit. London 1952 [Darin: Approaches to T. S. Eliot (S. 278–292); Mr. Eliot and Milton (S. 9–32); Mr. Eliot, Mr. Wyndam Lewis and Lawrence (S. 240–248).]

Wood, Frank: Rilke and Eliot: Tradition and Poetry. In: Germanic Review 27 (1952), S. 246–259
Morris, David: The Poetry of Gerald Manley Hopkins and T. S. Eliot in the Light of the Donne Tradition. A Comparative Study. Bern 1951 [Diss.] – Als Buchausg.: Bern [1953] (Schweizer anglistische Arbeiten. 33)
Spender, Stephen: The Creative Element. London 1953 [Darin: Rilke and the Angels, Eliot and the Shrines (S. 56–76); Anti-Vision and Despair: T. S. Eliot and George Orwell (S. 125–139).]
Aldington, Richard: Ezra Pound and T. S. Eliot. Hurst, Berks. 1954
Arrowsmith, William: Transfiguration in Eliot and Euripides. In: Sewanee Review 63 (1955), S. 421–442
Martin, Percival W.: Experiment in Depth. A Study of the Work of Jung, Eliot and Toynbee. London 1955
Martz, Louis T.: The Saint as Tragic Hero. «Saint Joan» (Shaw) and «Murder in the Cathedral». In: Cleanth Brooks (Hg.), Tragic Themes in Western Literature. New Haven 1955. S. 150–178
Quinn, Mary Bernetta: Eliot and Crane: Protean Problems. In: Quinn, The Metaphoric Tradition in Modern Poetry. New Brunswick, N. J. 1955. S. 130–167
Jankowsky, Kurt: Die Versauffassung bei G. M. Hopkins, den Imagisten und T. S. Eliot. Renaissance altgermanischen Formgestaltens in der Dichtung des 20. Jahrhunderts. Münster 1956 [Diss.]
Guidubaldi, Egidio: T. S. Eliot e B. Croce. Due opposti atteggiamenti critici di fronte a Dante. In: Aevum 31 (1957), S. 147–185
Galinsky, Hans: G. B. Shaw als Gegenstand der Kritik und Quelle dramatischer Anregung für T. S. Eliot. In: GRM N. F. 7 (1957), S. 146–164
Pratt, William Crouch: Revolution without Betrayal: James, Pound, Eliot and the European Tradition. Ann Arbor (Univ. Microfilms) 1957
Bollier, E. P.: T. S. Eliot and John Milton. A Problem in Criticism. In: Tulane Studies in English 8 (1958), S. 165–192
Bollier, E. P.: T. S. Eliot and John Donne. A Problem in Criticism. In: Tulane Studies in English 9 (1959), S. 103–118
Buckley, Vincent: Poetry and Morality. Studies on the Criticism of Matthew Arnold, T. S. Eliot, and F. R. Leavis. London 1959
Germer, Rudolf: Die Bedeutung Shakespeares für T. S. Eliot. In: Shakespeare-Jahrbuch 95 (1959), S. 112–132
Iser, Wolfgang: Walter Pater und T. S. Eliot. Der Übergang zur Modernität. In: GRM N. F. 9 (1959), S. 391–408
Moorman, Charles: Arthurian Triptych. Mythic Materials in Charles Williams, C. S. Lewis, and T. S. Eliot. Berkeley, Calif. 1960 (Perspectives in Criticism. 5)
Wright, George T.: The Poet in the Poem. The Personae of Eliot, Yeats and Pound. Berkeley, Calif. 1960
Howarth, Herbert: Eliot and Milton. The American Aspect. In: Toronto Quarterly 30 (1960/61), S. 150–162
Lawler, James R.: T. S. Eliot et Paul Valéry. In: Mercure de France 1169 (1961), S. 76–101
Cornwell, Ethel F.: The «Still Point». Theme and Variations in the Wri-

tings of T. S. Eliot, Coleridge, Yeats, Henry James, Virginia Woolf, and D. H. Lawrence. New Brunswick, N. J. 1962
REHAK, LOUISE ROUSE: On the Use of Martyrs: Tennyson and Eliot on Thomas Becket. In: Toronto Quarterly 33 (1963/64), S. 43–60
BROOKS, CLEANTH: The Hidden God. Studies in Hemingway, Faulkner, Yeats, Eliot, and Warren. New Haven, Conn. 1963
BOLLIER, E. P.: T. S. Eliot and F. H. Bradley. A Question of Influence. In: Tulane Studies in English 12 (1963), S. 87–111

10. Wirkungsgeschichte

SEIF, MORTON: The Impact of T. S. Eliot on Auden and Spender. In: South Atlantic Quarterly 53 (1954), S. 61–69
NELSON, ARMOUR H.: The Critics and The Waste Land 1922–1949. In: English Studies 36 (1955), S. 1–15
GERMER, RUDOLF: T. S. Eliots Waste Land. Die Geschichte seiner Wirkung in den Jahren 1922–1956. Freiburg i. B. 1957 [Diss.]

NAMENREGISTER

Die kursiv gesetzten Zahlen bezeichnen die Abbildungen, die hochgestellten Ziffern verweisen auf die Fußnoten

QUELLENNACHWEIS DER ABBILDUNGEN

Archiv für Kunst und Geschichte, Berlin: Umschlag-Vorderseite, Frontispiz / Süddeutscher Verlag, Bild-Archiv, München: 9, 88, 143 / Ullstein Bilderdienst, Berlin: 10, 24, 28, 46, 49, 54, 71, 110, 136 / Rowohlt-Archiv, Reinbek bei Hamburg: 12, 14, 15, 53, 63, 72, 94, 102, 103, 112 / Keystone GmbH, München: 13, 32, 66, 80, 140, 161 / Radio Times: 16, 18, 20/21, 23, 44, 50, 55, 56, 64, 69, 82/83, 95, 96, 98, 100 oben und unten, 108, 114 links und rechts, 115 links und rechts, 117, Umschlag-Rückseite / Library of Harvard University, Cambridge, Massachusetts, The Houghton Library: 30, 31, 34, 35 oben und unten, 36, 37, 38, 39, 40, 41, 42, 43 / Amerika Dienst; Hamburg: 45, 47 / Anne Wyndham Lewis: 57 / dpa, Hamburg: 104 / I.B.A.: 105 / Kunsthalle Hamburg: 138, 139.